Ulrich Hoffmann

Jetzt chill mal, Papa

Ulrich Hoffmann

Jetzt chill mal, Papa

Erkenntnisse
eines dreifachen Vaters

THIELE VERLAG

Inhalt

Für meine liebste siebzehnjährige High-School-Schülerin

Weißt du, wenn du angefangen hättest, den
Parthenon zu bauen, als du geboren wurdest,
dass du im nächsten Jahr damit fertig wärst?
Natürlich hättest du das nicht ganz allein
hingekriegt, also vergiss es, alles in Ordnung.
Du wirst geliebt, so wie du bist.
Aber wusstest du, in deinem Alter bekam
Judy Garland schon 150.000 Dollar pro Film,
Johanna von Orleans führte die
französische Armee zum Sieg
und Blaise Pascal hatte immerhin sein
Zimmer aufgeräumt – nein, warte, ich meine,
er hatte den Taschenrechner erfunden?
Natürlich hast du später im Leben für
so was auch noch Zeit, wenn du aus deinem
Zimmer rauskommst und aufblühst,
oder wenigstens mal deine Socken wegräumst.
Aus irgendeinem Grund fällt mir jetzt ein,

dass Lady Jane Grey schon mit fünfzehn
Königin von England war.
Aber dann wurde sie geköpft,
insofern ist sie auch nicht so ein tolles Vorbild.
Ein paar Jahrhunderte später, als er in deinem
Alter war, wusch Franz Schubert nach dem
Essen das Geschirr der Familie ab,
was ihn jedoch nicht daran hinderte,
schon in seiner Jugend zwei Symphonien,
vier Opern und zwei vollständige Messen
zu komponieren.
Aber gut, das war in Österreich auf der Höhe
der Romantik,
nicht hier in einem Vorort Clevelands.
Und wen kümmert es schon, ob Annie Oakley
mit fünfzehn bereits eine Meisterschützin war
oder ob Maria Callas mit siebzehn erstmals
die Tosca sang?
Wir finden dich toll, so wie du bist – wenn du
mit dem Essen spielst und ins Nichts starrst.
Und übrigens, das mit Schubert und dem
Abwasch war gelogen,
was aber nicht heißen soll, dass du nicht mal
ein bisschen mithelfen könntest.

BILLY COLLINS

Herzlich willkommen
in der Pubertät

Es ist Mode geworden im Bildungsbürgertum, Teenager auf Armeslänge distanziert zu belächeln, als wären sie die Dorfidioten: Gut, es sind die Hormone, sie können vielleicht nichts dafür, aber guck mal, was der für komische Grimassen schneidet!

Der Trend in Erziehungs- und Pubertätsratgebern geht seit längerem dahin, die eigenen Kinder als *Tyrannen* zu sehen, die vor allem *Grenzen* brauchen, dazu haufenweise *Nein aus Liebe*, und vor allem natürlich gute deutsche *Disziplin*. Das behaupten jedenfalls einige der erfolgreichsten Buchtitel der letzten Jahre.

Die Autoren favorisieren a) mehr oder weniger hartes Durchgreifen (denn die Kinder rebellieren in Wahrheit ja nur, um mal so richtig Grenzen gezogen zu bekommen) oder b) eine deutlich geschicktere Manipulation als bisher (denn das Rebellieren der Kinder stört den Alltag doch erheblich) oder c) entnervtes Ducken und Durchhalten (denn alles geht irgendwann von allein vorbei).

Ihnen gemeinsam ist ein klagender Unterton. Es ist selbstgerechtes Stammtisch-Gejammer, das nur deshalb in Buchform ausgeliefert werden muss, weil die gestressten Eltern vor lauter Besorgt- und Genervtheit keine Zeit zum Kneipenbesuch mit Freunden mehr haben. Oder es sind gar keine Freunde mehr da, weil die missratene Brut so viel Kraft zehrt.

Neu hinzugekommen sind seit kurzem klar diffamierende Bezeichnungen: Die Kinder sind mittlerweile *Pubertäter* oder gar *Pubertiere*, so die Titel zweier aktueller Klageschriften. Sagen wir mal so: Wie man in den Wald rein ruft, so schallt es heraus. Wen man als »Täter« oder »Tier« abstempelt, der hat nicht mehr viel zu verlieren – und wenig Möglichkeiten, noch die Liebe und Anerkennung der Eltern zu erlangen.

Über das eigene Kind in Kolumnen und Büchern zu spotten, ist aus meiner Sicht respektlos und im Hinblick auf die angeblich erhoffte Verbesserung des Familienlebens kontraproduktiv. Wobei man den Autoren ja immerhin zugute halten muss, dass sie nicht heimlich lästern. Breitbeinig stehen sie im Leben und erfreuen sich ihrer Sicht der Dinge.

Erinnert sich noch jemand an Loriot, Ephraim Kishon, Otto oder sogar Erma Bombeck? Die waren auch lustig – aber nicht verletzend. Die neue Generation Pubertätsautoren sind aus meiner Sicht die Mario Barths und Atze Schröders der Buchwelt: In-die-Fresse-»Humor« auf Kosten der Schwächeren.

Bitte denken Sie einmal zurück. Nie waren wir verwundbarer als in der Pubertät.

Jetzt sehen Sie sich um. Pubertät ist nicht einfacher geworden.

Deshalb bin ich für Rücksicht und möglichst viel Verständnis, statt für altersweise Abschätzigkeit.

Auch wenn es schwer ist, umzuschalten. Modernes Elternsein kann nicht darin bestehen, die Kinder bis zum zwölften Geburtstag so intensiv zu bemuttern und bevatern wie möglich, nur um sie angeekelt fallen zu lassen, sobald sie Widerstand zeigen. Das ist zu kurz gesprungen.

Ja, höhnischer Trotz verschafft genervten Eltern kurzfristige Erleichterung. Aber er macht nichts besser. Nicht im Job, nicht in der Liebe, nicht bei Teenagern.

Es lohnt, die eigenen – oft übernommenen – Werte und Vorgehensweisen zu überprüfen. Zu versuchen, sich in das Gegenüber hineinzuversetzen. Und sich manchmal sogar entspannter zu geben, als man ist. Denn *gut gechillt ist halb gewonnen.*

Dabei hat in den meisten Fällen doch alles so gut angefangen. Über die ganz kleinen Kinder freuen sich noch alle: Hei-dei-dei und duzi-duzi. Außer wenn sie schreien natürlich, dann reicht man sie flugs an die Mama zurück. Doch selbst wenn das Baby der besten Freundin krötenhaft hässlich ist, säuseln alle: »Wie süß, ganz der Papa!«

Nach ein paar Wochen, Monaten oder Jahren – spätestens im Kindergartenalter – geht es schon handfester zur Sache. Nach einem ganzen Tag Trotzphase, »Räum dein Zimmer auf« und »Hände waschen nicht vergessen« greifen viele Eltern auch heute noch verzweifelt zu Hardcore-Ratgebern der Marke *Jedes Kind kann schlafen lernen.* Der Lack ist ab: Das

Kind hat nicht zu schlafen, wenn es müde ist, sondern wenn im Aufgabenplan »Zubettgehen« steht, verdammt noch mal. Es ist zu seinem besten – und außerdem ist im Kalender der Eltern für heute Abend »Beziehungspflege« eingetragen (auch so ein toller, realitätsferner Tipp).

Zudem ist Gehorsam eine Tugend, die spätestens in Beruf, Schule und den meisten Kindergärten benötigt wird. Was soll sonst aus dem Kind werden, wenn es jetzt schon nicht hört und einfach aufbleibt, obwohl Schlafenszeit ist?

Mir erscheint der Vorschlag, das Kind bis zum Erreichen des Lernziels allein vor sich hin schreien zu lassen – wenn auch unter engmaschiger Kontrolle –, mittlerweile reichlich unbegreiflich. Das liegt vor allem daran, dass ich selbst noch meinem ersten Kind derart »beigebracht« habe, zu schlafen.

Bei den nächsten Kindern sah ich's lockerer und habe deutlich weniger Zeit mit dem kaum erträglichen Aushalten von Geschrei vertan. Ein paar Mal waren die Kids sogar – noch in der Kindergartenzeit, aber auch in den Grundschuljahren – länger auf als ich. Fand ich nicht gut, aber alle haben überlebt.

Mit der Einschulung beginnt der »Ernst des Lebens«, und so richtig glücklich ist mit dem aktuellen Stand des Bildungssystems kaum jemand mehr. Entsprechend wutentbrannt wird inzwischen über Lehrpläne und Schulalltag gestritten. Zufrieden sind mittlerweile weder die traditionellen Befürworter des Frontalunterrichts, noch die aufwieglerischen Freunde des individuellen Lernens. Zugleich erreicht in dieser Phase die erzieherische Frustration oft einen ersten Höhepunkt. Ein Kindergartenkind konnte man noch recht leicht austricksen oder einigermaßen liebevoll lenken – der Elternwille war verlässlich durchsetzbar. Es ging um die Form: schreit man, drängelt man, lobt man, regt man an, und was wirkt beim eigenen Kind wann am besten?

Jetzt aber soll das Kind endgültig ordnungsgemäß funktionieren. Und zugleich voll individuell bleiben. Also: Lese-Rechtschreib-Schwäche – bäh. Hausschuhe verweigern – Ausdruck der Persönlichkeit. Ich fürchte allerdings, über messbare Leistungsdefizite in Mathe oder

Deutsch hat ein Mensch viel weniger Kontrolle als über Handlungsmanierismen. Wir wollen das Beste für unsere Kinder (und, insgeheim, wenn wir ganz ehrlich sind, oft auch für uns). Aber ich denke, manchmal fördern und »behandeln« wir die jeweils falschen Bereiche.

Über die Jahre jedoch groovt man sich ein. Das Kind lernt zum Beispiel: Schlechter Test trägt mir ellenlanges Betroffenheitsgenöle der Eltern ein, weil ich es doch mal besser haben soll. Keine Hausschuhe bringt bloß dreckige, kalte Füße und interessiert sonst keine Sau.

Je nach Engagement der Eltern fallen in diese Zeit endlose Hausaufgabennachmittage, Nachhilfe, kognitive Messungen, Testung von Augen, Ohren und Hirn, Physiotherapie zur Anregung der Bildung neuer Nervenbahnen, eben das volle Grundschulprogramm. Das ist mehr oder weniger anstrengend, in den allermeisten Fällen jedoch immer noch auszuhalten. Die Eltern sorgen sich, den Kindern ist das ziemlich egal, und jeder tut halt, was er oder sie kann.

Dann aber, mit dem Eintritt in die weiterführende Schule oder ein paar Jahre später, beginnt die abenteuerlichste Zeit, die wir mit unseren Kindern erleben. Die Pubertät, die Teenagerjahre. In keiner Phase gehen die Ratschläge der Erziehungsexperten so weit auseinander. Denn in keiner Phase sind die Reaktionen von Kindern auf Erziehung so unterschiedlich (von Kind zu Kind, aber auch von Tag zu Tag) und damit unberechenbar.

Es ist ein bisschen wie die aktuelle Jobsituation, entweder man hat Arbeit (»Was für ein Stress!«) oder man sucht Arbeit (»Was für ein Stress!«), oder man muss sich arrangieren damit, vorzeitig ausgemustert worden zu sein (»Was für ein Stress!«). Alles richtig, aber zugleich auch ein Zeichen der Zeit; Stress zu haben gehört einfach dazu, wird erwartet und vorausgesetzt. Und so schlägt man also anlässlich pubertierender Teenager die Hände über dem Kopf zusammen und bestätigt sich gegenseitig mit Sätzen wie »Das können doch nicht meine sein«, »Die sind alle so«, »Will einer den adoptieren?«, und im Grunde somit irgendwie: Früher war alles besser.

Gemeint ist: früher, als *wir* noch Teenager waren. Eine völlig absurde Behauptung, dass wir unseren Eltern »besser« gehorcht hätten, dass diese mit uns »besser« klarkamen. Wenn überhaupt, haben sie sich weniger um uns gekümmert, wussten weniger über uns und unseren Alltag, regierten mehr Marke »Wird schon werden«.

Das kollektive Stöhnen hilft durchaus gegen akuten Frust, aber mir fehlt etwas: Verständnis. Nicht im Sinne von »Du, ich versteh dich, voll krass, LOL und so.« Sondern im Sinne von: verstehen wollen. Wie geht es meinem Kind gerade?

Denn das ist doch auch bei uns Erwachsenen zumeist der Grund für Schreien (oder Schweigen): Wir wollen gehört werden!

Ich bin der Meinung, gerade wenn man sich nicht ganz von alleine gut versteht, sollte man nicht abtauchen, zumachen, wegsehen, aushalten. Sondern sich extra viel Mühe geben. Wer sich von seinem Kind stundenlang vollschreien lässt, damit es schlafen lernt, wer mit ihm ewig im Wartezimmer sitzt, um Hirnströme checken zu lassen – der sollte jetzt auf den letzten Metern gemeinsamer Strecke noch mal alle Kraft zusammen nehmen und sich besinnen auf die große Liebe, die man vor gar nicht so vielen Jahren für dieses neue Wesen empfand.

Was nicht heißt, dass es einfach ist. Oder mir andauernd gelingen würde, bestimmt nicht. Aber einander mit Interesse und Offenheit zu begegnen, halte ich für wichtig, richtig und vor allem – spannend!

Ich glaube zudem, dass wir es in Deutschland mit einem weltweit fast einzigartigen Erziehungsstil zu tun haben – dem Austreibenwollen von Fehlern, dem »Beschämen«. Schulexperten mahnen schon lange an, dass der deutsche Unterricht sich im internationalen Vergleich dadurch abhebt, dass der Lehrer seine Schüler »an der kurzen Leine« durch die Wissensströme navigiert, dass Fragen und Fehlermachen unerwünscht sind, dass der Umgangston distanzlos, respektlos und eben »beschämend« sei. Und zwar natürlich nur in einer Richtung. Als würde man die Schnauze eines Hundes in seine Pipipfütze drücken. Daraus lernt er zwar nichts, das ist bekannt und nachgewiesen, aber wir bleiben trotzdem dabei. Wir suchen – nicht nur bei unseren Kindern, auch bei unseren Partnern, unseren Arbeitgebern, unseren Kollegen und wohl auch bei uns selbst – nicht nach Stärken, sondern nach Schwächen. Und die bemängeln wir dann.

Eines unserer Kinder hatte einen Lehrer, den ich insgesamt sehr schätzte. Aber bei Klassenarbeiten bekam man sozusagen vorab die volle Punktzahl, dann wurden in Rot Abzüge für Fehler oder fehlende Infos vorgenommen. Die Endnote war natürlich identisch, ob man zwei von vier Punkten bekommt, oder ob einem von vier Punkten zwei abgezogen werden, ist sachlich gleich. Emotional aber nicht. In der rechten Spalte standen keine Plus-, sondern ausschließlich Minuspunkte. Sein Signal war: Ich will nicht wissen, was du kannst, sondern nur, was du nicht kannst.

Wen motiviert das?

Unsere Sicht auf die Kinder scheint geprägt von einem Ideal; das wichtigste Merkmal der Wirklichkeit besteht in den Abweichungen von dieser Idealvorstellung, den Fehlern. Und die werden dann beklagt, oft in unbewusst strenger, schneidender, harscher Art. Als wäre unser Kind ein Montagsauto, bei dem wir möglichst viele Probleme noch vor Ablauf der Garantie zur Reparatur anmelden müssen. Ja, wir wollen nur ihr Bestes, das mag stimmen, aber kriegt man das so?

Wenn uns einer als falsch, unfähig oder faul bezeichnet, mühen wir uns dann für ihn ab, entfacht das den Ehrgeiz? Nein. Fachleute wissen längst: Ein Vertrauensvorschuss ist die beste Möglichkeit der Motivation. Im Job, in der Schule, in der Beziehung, im Leben.

Wie geht es Ihnen? Halten Sie »Führen durch Angst« oder »Führen durch Liebe« für effektiver? Ganz egal, welchen Stil Sie persönlich im Job bevorzugen – zu Hause hat sich »Führen durch Angst« nicht bewährt. Geben Sie Ihrem Teenager nicht das Gefühl, er wäre defekt, störend, müsste sich mehr Mühe geben, Sie haben es doch schon tausend Mal gesagt! Neueste psychologische Erkenntnisse besagen, dass Teenager sich um so verträglicher verhalten, je intensiver ihr Gefühl ist, gemocht und geliebt zu werden.

Das ist schwierig, aber zu schaffen. Nicht immer, aber immerhin. Und ich bin der Überzeugung, der Versuch, den trotzigen, rotzigen

Teenager zu verstehen, kann dabei helfen. Meiner Familie gehe ich mit dem Wunsch, immer alles »verstehen« zu wollen, manchmal mächtig auf die Nerven. Und natürlich bringen mich meine Kinder auch oft in die Klemme, wenn sie meine Regel »Fragen darf man immer« aus der Tasche ziehen, ob es mir passt oder nicht. Aber ich glaube wirklich daran: Wer ernsthaft versucht, ein paar Meter in den Schuhen des Anderen zu gehen, um ihn wirklich zu verstehen, wird klüger dabei.

Verstehen – das ist wichtig – heißt überhaupt nicht: akzeptieren, gutheißen, mitmachen. Man kann hinterher vielleicht sogar noch mehr dagegen sein. Unterschiedliche Positionen sind okay, in der Erziehung vermutlich sogar sehr wichtig. Und es ist meiner Meinung nach auch in Ordnung (wenngleich für keinen der Beteiligten angenehm), unpopuläre Entscheidungen zu treffen und durchzusetzen. Aber schon das Bemühen, die Teenies zu verstehen, wird eine andere Tonlage ins Gespräch bringen. Weil bereits der Versuch, jemand zu verstehen, signalisiert: Ich bin vielleicht nicht deiner Ansicht, aber du als Mensch bist mir wichtig.

»Gleichrangige Begegnungen«, »respektvolle Familienkonferenzen« – wir alle kennen die Ratschläge der Erziehungsgurus. Sie klingen gut, und viele sind es auch. Aber alle dieses Tools nützen nichts, wenn man dauerhaft aneinander vorbeiredet. Wenn man zwar hört, was der andere sagt, aber nicht versteht, was er meint.

Was sind eigentlich diese Teenager?

Im deutschsprachigen Raum beginnt die Teenagerzeit mit zehn Jahren. Das ist aber bloß eine Fehlübersetzung – und führt zu mancher Fehlwahrnehmung. Der Begriff »Teenager« stammt aus dem anglo-amerikanischen Sprachraum und bezieht sich nicht auf »ten« (zehn), sondern auf die Zahlen von 13 bis 19: »thir*teen*«, »four*teen*«, »fif*teen*« bis »nine*teen*«. Die Zählweise geht zurück auf das Zwölfersystem, das Dutzend, wie bei den Kalendermonaten.

Die mit Hilfe dieser Zwölfsprungzählung ermittelten »Teenager«-Jahre sind tatsächlich in etwa deckungsgleich mit der Pubertät. Die sogenannte »Vorpubertät« (erste körperliche Anzeichen der Reife, aber noch keine besondere psychische Veränderung) reicht von zehn bis zwölf, die Pubertät selbst findet irgendwann zwischen zwölf und zwanzig statt. Eher früher als später, eher länger als kürzer.

Aber Dank der Annahmen »Teenager = Pubertät« und »Teen = zehnjährig« wittern deutsche Eltern den gefürchteten kindlichen Widerstand, die für alle Beteiligten schwer erträgliche Häutung zum Erwachsenen bereits in den letzten Wochen vor dem ersten zweistelligen Geburtstag. Und wie immer gilt: Wir sind vor allem darauf aus, unsere Annahmen zu bestätigen. Wahrzunehmen, was *ist*, nicht was wir *erwarten*, ist verdammt schwer bis unmöglich.

So erklären heutzutage manche Grundschullehrerinnen in der dritten Klasse jeden Streit stolz: »Die Kinder beginnen eben zu pubertieren«, denn das geht ja immer früher los, liest man doch dauernd. Die Kinder sind acht und so was von weder pubertär noch teenagermäßig, dass jedes echte Teenie-Elternteil sich über das Gejammer totlacht.

Also: Wenn Ihr Kind jetzt zehn oder elf oder zwölf ist – lehnen Sie sich entspannt zurück, genießen Sie die Ruhe vor dem Sturm. Sie haben noch Zeit. Formal beginnt der Ritt Ihres Lebens erst mit dem Ende des 12. Lebensjahrs, also am Tag des 13. Geburtstags.

Was soll so schlimm sein an Teenagern?

Was könnte falsch daran sein, dem inzwischen auf unserer Augenhöhe angekommenen Sohn oder der Tochter, an deren Kleiderschrank wir uns auch mal bedienen, um lässig statt spießig zu wirken, zu sagen, wo es wirklich langgeht? Immer nur abhängen, laute Musik und Handychats, Fast Food, aber keine Hausaufgaben, wie soll aus dem Kind etwas werden?

Die Aussichten auf dem Arbeitsmarkt sind schlechter als je zuvor, jeder Bewerber konkurriert mit zehn Chinesen und einer Busladung billiger Inder, zumindest stellen wir uns das so vor. Was zu einem bizarren Fehlschluss führt. Denn eine möglichst gute stromlinienförmige Ausbildung kriegt man inzwischen in vielen Teilen der Welt. Das Alleinstellungsmerkmal unseres Nachwuchses kann daher nur noch in der Persönlichkeit bestehen, in Einfallsreichtum oder Charakter. Und obwohl wir hinterher schon auf den Babyfotos zu erkennen meinen, wie er oder sie später aussieht, entfaltet sich doch die große Menschlichkeit zumeist erst in der Pubertät, in den Teenagerjahren. Dazu sind sie da: um vom Kind zum Erwachsenen zu reifen. Um Abschied zu nehmen und neu zu beginnen. Um Fähigkeiten zu erwerben und sich auszuprobieren, fachlich wie persönlich.

Das heißt: Pubertierende Teenager sind ungeschickt in eigentlich allem, was sie tun. Alles ist neu, alles ist anders, und keiner hat sie gefragt – viele von ihnen wären sicher viel lieber noch eine Weile klein und einfach gestrickt. Stellen Sie sich mal vor, Sie müssten im selben Monat Fahrrad fahren lernen, mit Ihrem Partner zusammenziehen, einen neuen Job in einem unbekannten Berufsfeld antreten, und am nächsten Sonntag noch im TV jonglierend die Nationalhymne singen. Bisschen viel auf einmal, oder?

So – oder so ähnlich – geht es in Kopf und Seele von Teenies zu. Das macht sie unzufrieden mit sich, mit der Welt, und aggressiv. Dennoch sollte man deshalb nicht einfach einen weiten Bogen um die halbfertigen Wesen schlagen in der Hoffnung, dass eines Tages aus dem unordentlichen Zimmer ein wunderschöner Schmetterling schlüpft. Im Gegenteil: Wir müssen versuchen, Teenies nicht immer bloß zu ignorieren oder zu korrigieren. Sondern zu verstehen.

Was doppelt schwer ist, weil sie das oft selbst nicht können. Kaum ein Zehntklässler wäre – selbst unter dem Versprechen absoluter Geheimhaltung, niemand erfährt ein Sterbenswörtchen! – in der Lage zu sagen, was er oder sie wirklich fühlt, was ihn bewegt, was sie besorgt. Sie *spüren* es deutlich, und sie nehmen ihre Gefühle ernst, denn sie haben (gottseidank, will man fast sagen) noch nicht gelernt, sie so routiniert zu übergehen wie wir Erwachsenen. Aber sie können oder mögen ihnen nicht ins Gesicht sehen, auch weil sie sich dann noch unsicherer fühlen, noch weniger ahnen, was zu tun ist. Viele Jugend-Posen sind auch einfach eine gehörige Portion »Hier komm icke!«-Schauspielerei, die schnell zur zweiten Natur wird, weil sie so schön beruhigend auf das verunsicherte Ego wirkt.

Können Sie sich nicht daran erinnern, wie unsicher und selbstsicher zugleich Sie damals waren? Ich fand es toll und beunruhigend zugleich. Wie ging es Ihnen?

Wir Eltern sollten und können aussteigen aus der ewigen Spirale von Druck und Gegendruck. Bei Kindergarten- und Grundschulkindern mag es sinnvoll oder zumindest praktisch sein, möglichst klare Anweisungen zu geben. Bei Teenagern ist eine andere Taktik nötig. Spätestens jetzt ist der Zeitpunkt gekommen, sie als Menschen anzunehmen, wie sie sind. Auch wenn sich das alle halbe Stunde ändern mag.

Momentan sind Hirnscans voll im Trend, und offenbar kann man nachweisen, dass Teenager eben einfach viel vergesslicher sind, als wir Erwachsenen denken. Und die Hormone in ihrem Blut schwanken auch wild hin und her. Teenager sein ist sozusagen jahrelanges PMS auf Steroiden.

Ich finde es dennoch schade, wenn Eltern sich auf die Hoffnung zurückziehen, das Verhalten, das sie so nervt, würde sich bald wieder »verwachsen«. Es sind unsere Kinder. Jetzt gerade sind sie so, wie sie sind. Sie haben es verdient, genau so wahrgenommen und angenommen zu werden. Mit ihren Stärken und Schwächen, auch wenn diese ganz anders sind, als wir es uns erhofft haben. (Genau dasselbe wünschen wir uns schließlich auch von Partnern oder Freunden.)

Was natürlich nicht für eine Sekunde heißen soll, dass die Kids sich einfach benehmen dürfen, wie sie wollen. Aber ich glaube, das elterliche Abwinken wird als Ablehnung gefühlt: Du bist (momentan) nicht okay, deshalb kannst du zwar hier wohnen bleiben, ansonsten will ich aber nichts mit dir zu tun haben.

Dabei ist klar: Sich um Verständnis zu bemühen, macht die Lage nicht besser. Es ermöglicht aber, sie überhaupt erst einmal zu erfassen. Und dann möglichst angemessen (statt spontan und unter Druck) zu reagieren. So habe ich zum Beispiel durch einen Mix aus Hirnscan-Reportagen und Selbsterfahrungstrip herausbekommen: Wenn ich will, dass ein Teenager, egal welchen Geschlechts, um 14 Uhr angezogen ist, weil wir dann losmüssen – dann bringt es nichts, rechtzeitig Bescheid zu sagen. Mittlerweile gebe ich drei Vorwarnungen, wie damals im Kindergartenalter, eine zum Frühstück, dann eine halbe Stunde vor Aufbruch und eine Viertelstunde vor Aufbruch. Klingt nach einknicken, aber macht im Endeffekt viel weniger Arbeit als über Unpünktlichkeit oder Desinteresse genervt zu sein. Überhaupt ist faszinierend, wie selektiv die Ohren in der Pubertät funktionieren. Teenager hören nur, was sie wollen, gern auch, was sie nicht hören sollen, bestimmt aber nicht, was sie unbedingt wissen müssen.

Ich habe meine Mutter gefragt. Das war bei mir auch so, obwohl ich mich (schön selektiv) daran überhaupt nicht erinnern kann. Aber gut. Sie muss es wissen. Und sie guckte dabei so, als könnte sie sich fast noch zu gut erinnern …

Tatsächlich kam auch mir dann doch noch eine entsprechende Episode in den Sinn. Irgendwann in der achten oder neunten Klasse habe ich an einem warmen Sommerabend mit meinem besten Freund auf einer netten Parkbank gesessen und gequatscht und gequatscht und gequatscht. Das war einige Monate vor der Erfindung des Handys, und so waren unsere Mütter gar nicht begeistert, als wir gut gelaunt gegen halb eins hereingepurzelt kamen. Sie hatten sich nämlich – Überraschung – Sorgen gemacht. Wir hingegen waren ganz pubertär aus der Zeit gefallen.

Insofern fürchte ich, ist ein bisschen Verständnis für die eine oder andere Dämlichkeit nicht ganz ungerechtfertigt. Was überhaupt kein Freibrief für Verantwortungslosigkeit sein soll. Unsere Mütter haben uns damals angewiesen, ab sofort Uhren zu tragen und pünktlich zu kommen. Das war's. Keine Strafe, kein Theater. Das war klug von ihnen, denn es hat gewirkt.

Etwas zu verstehen gibt uns – im Idealfall – unsere Selbstkontrolle zurück, vielleicht sogar ein wenig mehr Einflussmöglichkeiten als reine Rückgratreaktionen. Denn wir wollen ja nach wie vor nur das Beste für unseren Nachwuchs.

Vor allem aber gibt schon der Versuch, Verständnis füreinander aufzubringen, uns die Liebe zurück.

Verstanden? ;-)

Erstens kommt es anders, und zweitens als man denkt

Die ersten und die letzten gemeinsamen Jahre von Eltern und Kindern sind wahrscheinlich die schwierigsten. Man kann noch so gut vorbereitet sein, noch so viele Ratgeber lesen – hält man dann das Baby im Arm, ist alles anders. Wenn es nicht trinkt, wenn es schreit und man weiß nicht warum, aber auch, wenn es einen glücklich glucksend anlächelt. Alles anders als erwartet.

Dann gewöhnt man sich aneinander, und irgendwann, das wissen die Eltern und die Kinder spüren es, steht der Abschied bevor. Nun hassen wir ja alle Veränderung, weil unser Höhlenmenschenhirn davon ausgeht: So wie gestern ist »sicher«, Unbekanntes ist gefährlich. Zugleich fragen sich kluge Eltern durchaus: Was machen wir – mit uns, miteinander – wenn die Brut aus dem Haus ist, wenn wir nicht mehr den ganzen Tag damit beschäftigt sind, dreckige Socken wegzuräumen und uns Sorgen zu machen? Waren die Kinder anfangs eine oft unerwartete Einschränkung der Zweisamkeit, sind sie mittlerweile zum Puffer zwischen Menschen geworden, die inzwischen mindestens gute zehn Jahre lang weder Zeit noch Kraft hatten, sich auch noch füreinander zu interessieren.

Es fällt uns also im Grunde schwer, die Kinder gehen zu lassen. Und sie ihrerseits sehnen sich danach und fürchten doch zugleich diesen Schritt in die Alleinverantwortung.

Aber mit 30 noch zu Hause wohnen bringt auch nix.

Möglicherweise hat die Natur es also ganz geschickt eingerichtet, dass man sich immer mehr nervt, je älter die Kinder werden, bis die Abstoßungskraft größer wird als die Sorge um den Nachwuchs beziehungsweise das Bedürfnis nach sauberer Wäsche im Schrank.

Ich denke, es gibt noch einen weiteren wichtigen Grund, warum Teenager Widerstand gegen die »Elterngewalt« leisten müssen. Denn man kann das eigene Selbst nur in Grenzsituationen erfassen. Solange nichts auf dem Spiel steht, solidarisieren wir uns alle gern mit einer guten Sache – erst wenn wir für unsere Überzeugungen etwas riskieren, zeigt sich, wer aus welchem Holz geschnitzt ist.

Auch wir haben in vielen schmerzhaften Situationen gelernt, wer eigentlich in uns steckt. Wir mussten in Krisen und Kämpfen, im Job, in der Liebe oder vielleicht sogar auf Demos für unsere Überzeugungen eintreten! Das macht nur selten Spaß, und oft ist das Ergebnis enttäuschend. Aber es gibt keinen anderen Weg zum Ziel. Wer sich geschmeidig immer in der Mitte durchs Leben schlängelt, wird sich früher oder später selbst langweilen.

Mit der Zeit haben wir im besten Falle gelernt, wann und in welcher Hinsicht wir mehr über uns wissen wollen, und wann oder wobei wir einfach mal die Klappe halten. Das braucht Zeit und Erfahrung. So wie Kindergartenkinder, wenn man sie lässt, an manchen Tagen jeden Stein umdrehen und jeden Käfer genau bestaunen, so streiten Teenager an manchen Tagen jeden Streit. Wie sollten sie es auch besser wissen? Erst wer 100 oder 1000 oder 10.000

Marienkäfer bestaunt hat, wird zu dem Schluss kommen: alle ungefähr gleich. Und erst wer 100 oder 1000 oder 10.000 Mal die Eltern angeranzt hat, wird zu dem Schluss kommen: alles ungefähr gleich.

Wobei ich zum Beispiel den Tag herbeisehne, an dem meine Jüngste realisiert: Morgens ihre Muffeligkeit frontal auf meine prallen zu lassen … kann man machen, muss man aber nicht. Da haben wir beide Luft nach oben. Meinen Versuch, ihrer schlechten Laune möglichst gelassen zu begegnen, betrachte ich dennoch bislang nur als *work in progress*.

Das Leben selbst ausprobieren

Irgendwann kam der Tag, da wollten wir nicht mehr den Pulli tragen, den Mama gekauft und rausgelegt hatte. Und da wollten wir auch nicht mehr so lernen, leben und reden, wie Mama und Papa das für uns vorgesehen hatten. Wir wollten das Leben selbst anprobieren und sehen, was passt. Und das muss auch so sein. Wie soll es anders gehen?

Studien haben zudem mittlerweile nachgewiesen, dass es bei kleinen Kindern immer an den sogenannten »Pivot Points« (wörtlich: Drehpunkt) zu Konflikten kommt: Zähneputzen, Anziehen, Essen, Zubettgeben. Warum? Weil die Kindern an diesen Stellen durch einfaches Verweigern Macht ausüben können. Und das ist interessant und fühlt sich gut an.

Ältere Kinder verfeinern die Methodik. Sie verweigern nicht mehr das Anziehen, sondern die Auskunft. Sie lassen nicht das Zähneputzen ausfallen, sondern die Hausaufgaben. Aber die Botschaft ist dieselbe: Guck mal, was ich alles kann! Ich bin mein eigener Bestimmer, geil!

Doch wenn wir hoffen, dass unsere Kinder eigenständige, selbstbewusste Menschen werden (und wer würde das nicht sofort unterschreiben), müssen wir ihnen erlauben, selbst zu entscheiden. Sie lernen immer noch von uns, nur anders also zuvor. Sie testen unsere Vorschläge und Anregungen (denn mehr war es nie) nicht zuerst durch vertrauensvolles Nachahmen, sondern durch verachtungsvolles Ablehnen. Dennoch bleiben wir und unsere

Ansichten noch lange der Mittelpunkt ihrer Welt.

Kinder aus Künstlerhaushalten werden oft selbst Künstler – oder wählen sehr ordentliche, strukturierte, Halt gebende Berufe. Kinder aus Beamtenhaushalten werden oft selbst Beamte, Ärzte, Juristen – oder eben das genaue Gegenteil. Wir definieren unser Leben im Vergleich zum Leben unserer Eltern. Und unsere Kinder müssen wiederum ihr Leben im Vergleich zu unserem definieren. Diese Gelegenheit dürfen wir ihnen nicht nehmen. Auch wenn es wenig Spaß macht, offensiv in Frage gestellt zu werden.

Die Erfahrung lehrt auch, dass uns dieses Angezweifeltwerden aus erzieherischer Sicht gar keine großen Sorgen machen muss. Gerade wer zwanzig Jahre lang schwor »Das mache ich nie so!«, macht's genau so! Wir wachsen mit dem Wertesystem unserer Eltern auf. Das ist meist im großen und ganzen einigermaßen deckungsgleich mit dem Wertesystem von Schule, Nachbarn, Arbeitgeber. Da bleibt mehr hängen, als man denkt. Auch ohne großen Druck, einfach weil es ja kaum anders geht.

Wieviel ein elterliches Wort – und somit auch unsere Kritik – wiegt, kann man kaum überschätzen. Denken Sie einmal zurück an den letzten Besuch bei Ihren Eltern. Ich möchte wetten, es ist ein Satz gefallen, der Sie getroffen oder berührt hat. Noch immer, nach all den Jahren, haben Ihre Eltern diese Macht! Wie viel wichtiger nehmen da wohl unsere erst halbfertigen Teenager, was wir zu ihnen sagen?

Sie verstehen zu wollen, ist ein Zeichen unserer Liebe, Wertschätzung und Anerkennung. Dabei darf das Verstehen nicht der Munitionierung dienen; das Ziel besteht nicht darin, sie nach dem Zuhören argumentativ so richtig plattzumachen. Der Weg ist das Ziel, wie es so schön heißt. Und das Ziel ist nicht das Erreichen eines Ziels (zum Beispiel eine Einigung über Ausgehzeiten), das Ziel ist das Verständnis selbst. Also: Warum willst du länger wegbleiben, als ich es erlauben möchte? Dazu gehört auch die Selbstreflexion: Warum will ich keine längeren Ausgehzeiten dulden, was sind meine Ängste, Sorgen, Wünsche? Sie verstehen (hoffentlich), was Ihr Kind bewegt. Ihr Kind versteht vielleicht sogar (mit etwas Glück), was Sie bewegt.

Und dann halten Sie das beide, in gegenseitigem Respekt, eine Weile aus. Zehn Minuten, drei Tage. Kann ganz unterschiedlich sein. Je länger es keine Einigung gibt, desto länger kann man genau hinsehen, und das Verständnis für den anderen wächst, oder auch nicht.

Mit anderen Worten: Teenager müssen »gegen« uns sein – gegen wen sollen sie denn sonst sein? (Und deshalb müssen wir uns auch keine Sorgen machen, dass sie anderswo ebenso frech oder fordernd auftreten. Warum sollten sie?) Aber *wir* müssen nicht gegen sie sein, sondern auf ihrer Seite. Solidarität mit den Kindern ist erste Elternpflicht.

Den besten Elternrat hat mir übrigens vor mehr als zwanzig Jahren eine Mutter von Zwillingen in meiner Zivildienstzeit gegeben. Beim Kinderturnen erzählten alle anderen Teilnehmerinnen stolz, wie mühelos ihre Kinder durchschlafen, laufen lernen und aufs Töpfchen gehen. Ich staunte mit offenen Mund, und diese Mutter flüsterte mir mit einem Lächeln zu: »Alle Eltern lügen.«

Ich glaube, das stimmt. Sich an dem Anschein anderer Familien zu messen, ist Unsinn.

Was mich zu einer eigenen Erkenntnis geführt hat, die keineswegs besonders smart ist, aber wichtig: Alle Eltern machen Fehler. Und das ist auch nicht schlimm. Schlimm ist nur, nicht darauf zu achten und dieselben Fehler immer weiter zu machen. Im dümmsten Fall auch noch in der Hoffnung, dass beim nächsten Mal derselbe Fehler ein anderes Ergebnis bringt.

Elternsein ist keine »Wissenschaft« in dem Sinne, das man nur die gelernten Regeln zu befolgen braucht, dann klappt das schon. Elternsein lernt man – wie Jonglieren oder Zuhören – durch Üben. Man kann sich Hilfe holen und Tipps geben lassen. Aber jeder kommt anders ans Ziel. Und je mehr Spaß man beim Üben hat, je mehr Freude man sich vornimmt und zugesteht, desto besser.

Die häufigsten Teenager-Sprüche und was sie bedeuten

Wen interessiert schon Schule?

Schule – Leistung, Noten, Hausaufgaben – ist das Krisenthema Nummer eins in fast jedem Teenagerhaushalt. Selbst wenn im Moment alles glatt läuft und Sie denken: bei uns nicht – Sie können ziemlich sicher sein, dass die Realität Sie irgendwann einholt. Entweder durch einen abrupten, auf den ersten Blick »unerklärlichen« Leistungsabfall. Oder wenn Ihr Kind sich in den Kopf gesetzt hat, etwas ganz anderes zu werden, als Sie sich so gedacht haben. Jurist zum Beispiel. Oder Clown. Und allerspätestens, wenn zwanzig bis dreißig Jahre später, anlässlich irgendwelcher Krisen mit Ihren Enkelkindern, die Vorwürfe auf den Tisch kommen: »Immer musste ich nur funktionieren, euch haben nur meine Noten interessiert.«

Es gibt kein Entkommen!

Was logisch ist, denn jeden betreffen die Themen Schule, Disziplin, Eigenverantwortung, Zukunftsplanung. Das wissen auch Teenies. Insofern sind Sprüche wie »Schule interessiert doch keinen Arsch«, »Gute Noten werden überschätzt« oder »Im wirklichen Leben zählt doch vor allem der Charakter« bloß eine Art Pfeifen im Keller oder im dunklen Wald – der Versuch, der eigenen Angst Einhalt zu gebieten.

Ihr Kind weiß sehr wohl selbst, ob es richtig schlecht in der Schule ist! Und bei der Gelegenheit eine Bitte: Falls Sie zu den Eltern gehören, die bei jeder glatten Zwei schon eine Krise kriegen, dann sollten Sie sich entspannen und bei Gelegenheit mal Ihr Wertesystem hinterfragen: Ihr Kind ist offiziell »gut«, was fällt Ihnen ein, das nicht »gut« zu finden, sondern offenbar nur »befriedigend« oder vielleicht nicht einmal »ausreichend«?

Ihr Kind weiß auch sehr wohl selbst, dass bessere Noten besser sind für … für was eigentlich? Das weiß es vielleicht nicht. Aber *dass* bessere Noten besser sind als schlechte Noten, ist ja wohl ziemlich einleuchtend. Wenn Ihr Kind das nicht versteht, dann sind die Noten ohnehin egal.

Sind Sie der Ansicht, Ihr Kind sollte sich mehr anstrengen, weil das für seine Ziele (und nicht für Ihre Ziele!) gut wäre, könnte sich ein Gespräch darüber lohnen. »Wie stellst du dir momentan deine Zukunft vor? Gibt es vielleicht Wege, für die gute/bessere Noten hilfreich wären? Sollen wir mal rausfinden, wie gut deine Noten sein müssten, damit dir auch diese Möglichkeit offensteht?«

Bonus-Überlegung: Weniger denn je wissen oder ahnen wir Eltern, welche Fähigkeiten unseren Kindern später im Leben etwas nützen werden, beruflich oder privat. »Lernen lernen«? Jahreszahlen und Haupstädte auswendig können? Was werden sie können müssen?

»Hausaufgaben sind das neue Abendbrot«, heißt es. Stundenlang brüten viele Eltern mit ihren Kindern über den Büchern. Statt, wie früher, in der angeblich so guten alten Zeit, nur mal über die Kohlrouladen hinweg zu fragen: »Und die Hausaufgaben?« – »Hab ich gemacht.«

Die Kinder sind im Schulstress, die Eltern sind im Schulstress, keiner weiß so richtig warum … ist es da ein Wunder, wenn Kinder rebellieren? Doch wenn ein Jugendlicher also offensichtlich weiß, was er vorgibt, nicht zu wissen: Was will er oder sie uns dann mit den coolen »Schule ist scheiße«-Sprüchen sagen?

Zwei Varianten sind am wahrscheinlichsten, sie können auch gemeinsam auftreten:

▶ Ich weiß, dass du dich um meine Schulnoten sorgst, daher weiß ich auch, dass ich dich mit meinem demonstrativen Desinteresse, einem sehr einfachen Mittel, zur Weißglut bringen kann. Das heißt a) Ich habe Macht! b) Du guckst hin, du bemerkst mich!

▶ Ich mache mir durchaus Sorgen um meine Noten, weiß aber nicht, wie ich es aus eigener Kraft ändern kann. (Viele Kinder schätzen ihr Potential zu gering ein, sie halten sich für dumm, hässlich, wenig liebenswert.) Vielleicht sind meine Noten sogar schon so tief unten, dass mir der Arbeitsberg unbezwingbar erscheint. Vielleicht fehlt mir die Motivation, die Disziplin, ein Plan. Eigentlich brauche ich Hilfe, aber lieber beiße ich mir die Zunge ab, als darum zu bitten! Außerdem, wenn ich lauthals so tue, als wäre mir das alles vollkommen egal, fühlt es sich wenigstens für einen Moment auch so an, und meine Angst nimmt ab.

Wie können Sie mehr erfahren?

Wenn Ihr Sohn oder Ihre Tochter im Grunde gut in der Schule ist, sollten Sie sich so weit zurücknehmen wie möglich. Ohne dabei ein schlechtes Gewissen einreden zu wollen, könnten Sie fragen, ob Ihr Kind die Note als ebenso »schlecht« einschätzt wie Sie es tun, und wie es sich fühlt. Wie es dazu kam (nicht: »Wie konnte es dazu kommen?!« Sondern: »Wie ist es dazu gekommen?«).

Sind die Leistungen insgesamt und schon seit einiger Zeit schlechter, als Sie es Ihrem Kind zutrauen, könnten Sie dies als sogenannte Ich-Botschaft anbringen: »Ich bin der Meinung, du könntest in der Schule besser sein, und mir macht es Sorgen, wenn das nicht gelingt. Wie siehst du die Sache?« Vorsicht: Nur weil ein Satz mich »Ich« anfängt, ist er noch lange keine Ich-Botschaft: »Ich bin genervt, weil du so faul bist und schlechte Noten bekommst!« ist eine reine Schuldzuweisung.

Es mag Ihnen lächerlich vorkommen, kann aber durchaus hilfreich sein, ein schwieriges Thema vorab allein für sich zu üben, zum Beispiel vor dem Spiegel oder mit einer Webcam. Wiederholen Sie Ihre Frage, bis Sie sich damit wohl fühlen. Das muss nicht heißen, dass Sie weichgespült daherkommen. Aber für Teenies ist das Gefühl von »Angst« (ich schaff das nicht, ich kann das nicht, ich krieg wieder Ärger, ich gehöre nicht dazu) Alltag. Wenn Sie diese Angst vergrößern, macht das nichts besser.

Sind die Leistungen des Kindes langfristig und dramatisch schlechter, als Sie es für nötig halten, bietet sich ein Info-Gespräch mit einigen Lehrern an. Vielleicht tut Ihr Kind, was es kann, und Sie schätzen es falsch ein. Vielleicht braucht es eine noch nicht gefundene Motivation. Kündigen Sie an, die Gespräche führen zu wollen, vereinbaren Sie die Termine nicht hinter dem Rücken Ihres Kindes. Aber diskutieren Sie auch nicht darüber. Sie wollen und dürfen sich informieren. Bieten Sie Ihrem Kind an, mitzukommen. (Schlagen Sie es nicht vor, sondern bieten Sie es nur an.) Meckern Sie bei den Treffen weder über das Kind noch über die Lehrer. Sagen Sie, Sie machen sich Sorgen und hätten gern Hilfe bei der Einschätzung der Lage. Sprechen Sie mit mehr als einem Lehrer (nicht nur mit denen, wo Ihr Kind schlecht steht, sondern auch mit denen, wo es gut läuft). Falls Ihr Kind nicht mit war, berichten Sie ihm hinterher kurz, was gesagt wurde.

Psychologen gehen davon aus, dass Kinder lernen *wollen*. Wenn sie also in Wirklichkeit nicht lernen, muss es dafür einen Grund geben. Und wenn das Kind lernen will, kann der Grund nicht sein, dass es eben faul ist. Niemand ist zu faul, nicht zu tun, was er oder sie tun will. Man ist nur zu faul, nicht zu tun, was man nicht tun will.

Über die Sachebene hinaus hat das nonchalante Abtun der Schule noch einen Aspekt, den man beachten sollte. Es ist in der Pubertät spannend (und notwendig), Autoritäten in Frage zu stellen. Da gibt es jedoch wenig Auswahl: Eltern, Schule, das war's. Es mag nerven, ist aber verständlich. Wichtig ist jedoch, was gefühlt passiert, wenn ein junger Mensch die Autoritäten herausfordert. Eltern doof, Schule doof – mag mich jetzt noch jemand? Werde ich geliebt, wie ich bin (und zwar auch dann, wenn ich auf einmal ganz anders bin)? Oder werde ich »nur« für meine Leistungen gemocht?

Außerdem ist ja oft unklar, worin die gewünschte Leistung überhaupt besteht. Neulich stand zum Beispiel eine wichtige Mathearbeit einer unserer Töchter an. Sie hat wochenlang regelmäßig dafür geübt, aber so richtig »klick« hatte es noch nicht gemacht. Am Samstag vor der Arbeit wollte sie unbedingt bei einer Freundin übernachten. Da bleibt man natürlich lange auf und gackert. Ist ja auch okay. Als sie sich am Sonntag missmutig durch eine Übungsarbeit ackerte, blieb sie bei praktisch jeder Aufgabe auf halber Strecke stecken, machte deutlich mehr Fehler als sonst. In echt wäre das mit Glück noch eine Fünf gewesen – nicht unser Lernziel.

Was sollte ich nun tun? Mich ärgern, dass ich ihr geglaubt hatte, eine Übernachtung würde sie eher motivieren? Auf sie und/oder auf mich wütend sein, weil sie nicht konzentriert arbeitete?

Hinzu kam: Ich war früh aufgestanden und mit der anderen Tochter im überfüllten Schwimmbad gewesen, weil die für ihr Schwimmabzeichen üben wollte. Nun hatte ich eine halbe Nebenhöhlenentzündung und war müde.

Leider hatte ich keine Zeit, mit irgendwem herumzustreiten, weil ich versprochen hatte, meine Mutter vom Flughafen abzuholen. Also warf ich die missglückte Übungsarbeit ins Altpapier und fuhr los.

Als ich wiederkehrte, saß meine Tochter auf dem wärmsten Eckchen der Fußbodenheizung und rechnete. Sie hatte sich die Aufgaben aus dem Altpapier gezogen und ganz von allein angefangen, sie noch mal durchzuarbeiten. Ein, zwei Fragen stellte sie zwischendurch, ansonsten rechnete sie stumm vor sich hin. Und hatte am Ende fast alles richtig.

Ich weiß noch nicht, wie die Arbeit geworden ist. Aber ich weiß, wie stolz ich auf meine Tochter bin. Sie hat die Leistung gezeigt, die ich von ihr erwartet habe – sie hat konzentriert und engagiert daran gearbeitet, möglichst viele der Formeln möglichst gut anwenden zu können.

Sie hat den Raum dazu jedoch nicht bekommen, weil ich so ein toller, lässiger Vater wäre.

Sondern nur durch den Zufall der Abläufe. Kann ich daraus fürs nächste Mal nun lernen, dass ihre Zeitplanung besser ist als meine? Dass sie schon reinhaut, wenn es sein muss?

Mal sehen. Ich weiß es nicht. Meine Erklärung ist, dass sie spüren konnte, dass ich unzufrieden war mit ihrem Engagement. Übernachten und lange aufbleiben – dafür ist Energie da. Für Mathe nicht. Hm … Aber gerade weil ich aus Zeitmangel nicht dazu kam, ihr eine Standpauke zu halten, konnte sie eine eigene Position finden.

Auf alle Fälle habe ich eine Seite an ihr kennengelernt, die ich noch nicht kannte und über die ich mich gefreut habe. Denn das mit der »wahren Liebe«, nach der wir uns alle sehnen, ist ja so eine Sache. Jemand über alle Veränderungen hinweg zuverlässig zu lieben ist schwer, diese Erfahrung werden Sie sicher auch schon gemacht haben. Doch so schwierig bis unmöglich das sein mag, so sehr wünschen wir es uns alle. Und wer, wenn nicht die eigenen Eltern, soll das leisten?

So kann man zwar jeden der Protestsprüche in diesem Buch auch als die Frage »Liebst du

mich noch? Auch wenn ich doof und unfreund-
lich bin?« lesen. Für das Thema Schule und Zukunft gilt das aber ganz besonders: Wenn ich
nicht tue, was du willst, wenn ich nicht werde,
was du willst und wie du willst, wenn ich deine
Macht und deine Stellvertretermächte ablehne
– liebst du mich dann immer noch?

Ich hoffe, die Antwort ist: Ja. Behalten Sie
sie im Kopf und im Herzen, und lassen Sie sie
durchklingen, wann immer möglich.

Alle anderen dürfen das auch.

Das ultimative Killerargument jedes Teenies:
Alle anderen bekommen mehr Taschengeld,
haben ein Handy, einen Computer, eine Playstation, eine Xbox, dürfen rauchen, trinken,
kiffen, ausgehen bis zum Morgengrauen, werden selbstverständlich von ihrer Mutter zum
Training gefahren, werden natürlich nicht von
den Eltern von der Party abgeholt, hatten auch
schon Sex, dürfen sich piercen und tätowie-
ren lassen, müssen nie Hausaufgaben machen
und schon gar nicht den Tisch abräumen oder

den Müll rausbringen. Sie dürfen im Mikrorock oder der weitesten Baggypants (oder was eben gerade in ist) in die Schule, müssen nie ihr Zimmer aufräumen, fahren mit der besten Freundin in die Ferien, und überhaupt!

Nie zuvor oder danach im Leben ist der Gruppendruck (neudeutsch auch *peer pressure* genannt) so hoch wie in der Teenagerzeit. Zudem kommt er für die Betroffenen scheinbar aus dem Nichts – vor den Sommerferien waren die abgelegten Klamotten der großen Schwester noch eine kleine Sensation, weil man sich seit Monaten danach verzehrt; nach den Ferien geht das überhaupt nicht, »alle anderen kriegen immer neue Klamotten, nur ich nicht!«

In den meisten Fällen ist die Sachlage recht übersichtlich. Natürlich gibt es immer einen, der am wenigsten Taschengeld bekommt (so wie es ja auch jemand geben muss, der am meisten Taschengeld bekommt). Die Wahrscheinlichkeit, dass alle Kinder einer Klasse (= die *peer group*) genau gleich viel Taschengeld bekommen, ist nahe bei null.

Und genauso gibt es höchstwahrscheinlich einen, der eine Playstation hat, und ein anderer hat eine Xbox, der nächste einen Fernseher im Zimmer, und so weiter. Die Chance, dass *alle* anderen *alle* diese Sachen haben, ist ebenfalls nahe bei null.

Machen Sie sich das klar.

Weisen Sie aber ihr Kind lieber nicht darauf hin.

Gefühlt hat es in jeder Hinsicht den kürzeren gezogen, weil es in jedem Bereich jemand gibt, der mehr hat. So ist das im Leben, und so bleibt es meist auch, selbst unter Superreichen. Nur der reichste Mensch der Welt hat mehr als alle anderen, und nicht einmal derjenige kann sicher sein, wie lange es so bleibt – und außerdem gibt es bestimmt jemand, der trotzdem einen schöneren Garten, eine liebevollere Beziehung, einen besseren Blick aus dem Wohnzimmerfenster oder einen kürzeren Helikopterflug zum Golfplatz hat.

Das frustriert auch Erwachsene, Kinder jedoch noch mehr. Denn »die anderen« summieren sich zu einer großen Gruppe mit den besten Eigenschaften der Einzelnen. Wogegen man selbst allein dasteht und sich auf die eigenen schlechtesten Eigenschaften konzentriert.

In den meisten Fällen ist zu raten, möglichst keine Sachdiskussion zu eröffnen – selbst wenn ein Teenager zweifelsfrei Unrecht hat und das eigentlich auch einsehen müsste, könnte und sollte, so hat er oder sie doch schlicht mehr Zeit und Chuzpe, jeden noch so großen Unsinn rauszuschleudern. Teenies ernstzunehmen und verstehen zu wollen, kann nicht heißen, jeden ihrer Sätze auf die Goldwaage zu legen. (Im Gegenteil, denke ich.)

In den meisten Fällen heißt: »Alle haben/dürfen/kriegen, und ich nicht« bloß: Ich hätte das gern und bin unzufrieden oder traurig, dass ich nicht weiß, wie. Das kann jeder nachvollziehen, ich hätte auch gern einen Sportwagen, eine Segelyacht und immer gutes Wetter.

Es gilt zu versuchen, eine Möglichkeit zu finden, den Wunsch anzuerkennen, ohne ihm nachzugeben oder auch nur darüber zu diskutieren, unter welchen Bedingungen er vielleicht doch erfüllt werden könnte. »Alle anderen haben« heißt übersetzt: Ich kenne mindestens eine oder einen, von dem/der ich einigermaßen sicher bin, dass er oder sie das hat oder haben könnte. Das ist okay, dafür muss Raum sein. »Ich kann verstehen, dass du dir das wünschst«, ist eine Möglichkeit, die Sehnsucht anzuerkennen.

»Alle haben/dürfen/kriegen« ist zugleich der Versuch, den Gruppendruck, dem Ihr Kind ausgesetzt ist, an Sie weiterzugeben. Die anderen haben vielleicht über seine/ihre Jeans gelacht, oder zumindest befürchtet Ihr Kind, sie könnten es tun. Teenager möchten gern in ihrer höchstmöglichen Individualität möglichst uniform daherkommen – sie wollen total eigenständige Persönlichkeiten sein, die nicht in Gefahr laufen, irgendwem negativ aufzufallen. Denn sie wissen: Der Spott der Anderen ist brutal. Auch wenn er in Wahrheit ja auch wieder nur von deren Unsicherheit und Ängsten ablenken soll.

Eine Untervariante dieser Taktik sind Themen, bei denen tatsächlich eine Entscheidung erforderlich ist. Darf Ihr Kind auf eine bestimmte Party, und wenn ja, wie lange? Lassen Sie es aus dem Haus gehen, wie es will? Kriegt es eine Taschengelderhöhung? Wird Computerzeit reglementiert, und wer zahlt die Handyrechnung?

In solchen Fällen kann es tatsächlich interessant sein, herauszufinden, wie es »alle anderen« halten. Selbst wenn Ihr Kind recht haben sollte, und wortwörtlich »alle« anderen mehr Geld oder Freiheiten bekommen, sind Sie nicht gezwungen, dem nachzugeben. Aber ich halte es für eine gute Idee, es zu verifizieren.

Gesellschaftliche Normen ändern sich, vor fünfzig Jahren waren schwule Politiker oder Manager undenkbar, heute ist die gleichgeschlechtliche Ehe steuerlich anerkannt. Vielleicht hat sich die Situation in einem bestimmten Bereich verändert, ohne dass Sie es mitbekommen haben. Vielleicht haben andere Eltern bereits Strategien erprobt oder Erfahrungen gesammelt, die sie mit Ihnen teilen können.

Wenn Ihr Kind mit dem »alle anderen«-Argument seinen *peer pressure* an Sie weitergeben will, muss es erlaubt sein, die Behauptung zumindest stichprobenartig zu überprüfen. Außerdem ist es immer gut, sich Informationen und Rat zu holen. Fragen Sie daher, ob es in Ordnung ist, wenn Sie einige Eltern anrufen, besprechen Sie mit Ihrem Kind auch, welche. Das ist ja durchaus im Interesse Ihres Sprösslings – wenn die anderen Eltern wirklich schon erlaubt haben, was Ihr Kind auch will, besteht ja Hoffnung, dass Sie überzeugt werden. Machen Sie keine Kontrolluntersuchung daraus, Sie wollen nicht triumphierend beweisen, dass es nicht wirklich »alle« sind, Sie wollen möglichst gut informiert entscheiden, was die beste Lösung für Sie und Ihr Kind ist.

Meine Erfahrung ist, dass andere Eltern meist sehr positiv auf solche Fragen reagieren und sich im Normalfall nicht in ihrer Entscheidung angegriffen fühlen. Und dass Kinder positiv registrieren, wenn wir uns mit Ihrer Forderung tatsächlich auseinandersetzen.

Das soll allerdings keineswegs heißen, dass Sie Ihre Position auch nur einen Millimeter ändern müssen. Aber Sie wissen danach, welchem Druck Ihr Kind ausgesetzt ist (oder nicht). Niemand will uncool sein, niemand will ausgelacht werden, und nie ist diese Gefahr größer als in den Jugendjahren. Da muss Ihr Kind durch, und alles zu erlauben ist nicht die Lösung. Wer alles darf und alles hat, ist vielleicht beliebt, aber weiß auch selber ganz genau, dass die Persönlichkeit damit am allerwenigsten zu tun hat.

In einer solchen Situation das Kind zu »verstehen«, heißt meiner Ansicht nach, hören und aushalten zu wollen: Was ist dir wichtig, und warum? Und im besten Fall dann die eigene Position zu überprüfen: Fürchte ich mich vielleicht vor den Dämonen der eigenen Kindheit und sorge mich gar nicht um mein Kind? Will ich ein bestimmtes Ergebnis oder Verhalten erreichen und glaube, meine Regel hilft dabei?

Die meisten Ihrer Regeln und Grenzen sind genauso willkürlich wie die aller anderen – so sehen Sie nun einmal die Welt. Und das ist okay. (Hoffe ich.) Dem weitergereichten Gruppendruck in der Tendenz eher standzuhalten als nachzugeben ist, glaube ich, dennoch meist besser. Mit anderen Eltern oder Kindern zu sprechen, ermöglicht es Ihnen, durch Vormachen zu erziehen. Denn Sie nehmen die Herausforderung Ihres Kindes an und stellen sich den Forderungen. Und es ist verdammt unangenehm, dann darauf zu bestehen: Den Film soll mein Kind aber nicht sehen/eine Party ohne Aufsicht erlaube ich nicht/das sehe ich anders. Sie riskieren, dass andere Eltern Sie für spießig, vorgestrig oder uncool halten. Wenn Sie das ertragen, haben Sie Ihr Erziehungsziel bereits erreicht.

Bei uns war es zum Beispiel lange die Schlafenszeit. Dank der zahllosen Chats und Messenger waren unsere Kinder immer optimal informiert: Die anderen essen noch nicht, die anderen schauen jetzt Fernsehen, die anderen essen erst jetzt, die anderen müssen noch nicht ins Bett, die anderen haben Pizza bestellt, hier guck mal. Dass »die anderen« nur die paar Kinder waren, die gerade nichts Besseres zu tun hatten, als ihre Pizzafotos in die Welt hinaus zu blasen, war dabei natürlich völlig unwichtig.

Ich musste mir immer wieder bewusst machen: 1) Was der Großteil der Klasse gerade macht, der darüber nicht minutiös online buchführt, wissen wir nicht. Und 2) selbst wenn – die anderen Eltern werden ihre Gründe haben, vielleicht kommen sie später nach Hause, kochen nicht gern, das Kind braucht weniger Ruhe, schläft schneller ein oder steht morgens schneller auf ... was weiß ich. Keine Ahnung.

Also habe ich versucht, das Gemeckere als eine Aufforderung zu sehen, meine Position zu überprüfen. Und wenn ich dann immer noch der Ansicht war, so ist es richtig, dann müssen alle damit leben.

Aber ich gestehe: Das Argument »Die anderen dürfen aber«, packt mich immer noch direkt am Kragen, und es fällt mir schwer, meinen Ansichten treu zu bleiben. Schließlich will ich ja nicht, dass mein Kind mich ablehnt, und ich will auch nicht, dass die anderen Kinder mein Kind doof finden. So ist die Versuchung groß, genau das zu tun, was ich *nicht* vorleben will: dem Druck nachzugeben, der Anerkennung der anderen hinterherzulaufen.

Was sich in der Praxis bereits als kurzsichtig erwiesen hat, war der Versuch, in Einzelfällen nachzugeben, um für beide Seiten den Druck insgesamt zu lindern. Das schafft bloß Steilvorlagen und Begehrlichkeiten für das nächste Mal.

Oh, und was immer Sie tun, ersparen Sie sich und Ihrem Kind den schönen Spruch: »Und wenn alle anderen von der Brücke springen, springst du dann hinterher?« Sarkasmus gehört zu genau den Dingen, denen Ihr Kind entgehen will, indem es nicht auffällt.

Wenn Sie dumme Sprüche mit dummen Sprüchen kontern, zeigen Sie nur, dumme Sprüche sind okay. So schwer es fällt: »Ich finde, man muss nicht immer alles machen/haben/dürfen, was die anderen machen/haben/dürfen« transportiert denselben Inhalt, ohne Öl ins Feuer zu gießen.

Das geht euch gar nichts an, kümmert euch um euren eigenen Dreck!

Eben haben wir ihnen noch den Hintern abgewischt (man muss es doch mal sagen, wie es ist) und sie kamen trostsuchend zu uns, wenn der beste Grundschulfreund eine Pause lang nicht mit ihnen gespielt hat. Und jetzt knallen sie uns die Badezimmertür vor der Nase zu und wir sollen ihr Tagebuch nicht lesen.

Was uns noch nicht so lange her scheint, ist für das Kind kaum mehr eine Erinnerung, wenn überhaupt – und liegt mindestens ein bis zwei Persönlichkeitshäutungen zurück. Klarer Fall von unterschiedlicher Wahrnehmung der Zeit. Denn diese Entwicklung ist innerlich erfolgt, nicht äußerlich. Raupe wird Schmetterling: Da kann jeder Idiot den Unterschied sehen. Grundschulkind wird Teenager: Das sind zehn, vielleicht zwanzig Zentimeter Größenwachstum, in dieser Hinsicht wurde ja bereits in den neun Monaten vor der Geburt mehr geboten.

Und außerdem: Ich hab dich gemacht, du bist mein Kind, also geht mich alles etwas an! Doch ich fürchte, so kommt man nicht weit. Wir alle wollen, dass unsere Kinder selbstständig werden. Dafür müssen wir sie ihre eigenen Erfahrungen machen lassen.

Wir wollen natürlich auch, dass sie sich dabei nicht wehtun, das nichts schiefgeht, aber das lässt sich leider nicht einrichten. Vieles, was wir für unsere Kleinstkinder getan haben, vermissen wir nicht. Niemand wünscht sich, sie auch noch mit zehn füttern zu müssen, ihnen noch mit fünfzehn die Schuhe zu binden.

Aber so ein bisschen Kontrolle wäre doch schön, und überhaupt, wenn sie doch bitte allein machen würden, woran wir nie so richtig Spaß hatten, aber in jeder anderen Hinsicht weiter auf uns angewiesen bleiben oder uns zumindest auf breiter Front vertrauen, statt uns auszuschließen und abzulehnen! Das wäre optimal.

Es ist ein Balanceakt. Vieles, was unsere Kinder betrifft, geht uns sehr wohl noch etwas an. Schule, Gesundheit, Ernährung, Freunde, Drogen, Geld …

Aber die Kinder wollen immer mehr mitreden, und das zu recht. Wenn sie sagen: »Das geht dich gar nichts an!«, ist das also erst mal die sehr richtige Einforderung: Das ist nicht mehr allein dein Gebiet.

Darüber hinaus haben sich bestimmte Erfahrungswerte ergeben, die man bei befreundeten Eltern oder in Erziehungsratgebern abfragen kann. Und nach kurzem Nachdenken sind sie auch sinnvoll. Nie im Tagebuch schnüffeln. Auch nicht, wenn man glaubt, es ginge nicht anders. Auch nicht, wenn man glaubt, es ginge wirklich nicht anders. Auch nicht im Ranzen oder im Handy oder im Computer schnüffeln. Auch nicht, wenn man glaubt, es ginge nicht anders. Auch nicht, wenn man glaubt, es ginge wirklich nicht anders. Wenn das Kind im Bad allein sein will, das aber morgens die ganze Familie aufhält, zu einem anderen (!) Zeitpunkt zusammensetzen und Regeln aushandeln. Nicht einfach die Tür eintreten mit der Begründung »Das ist *mein* Bad!«

Wenn Sie nicht einfach nur neugierig sind, sondern *ernsthaft* und *begründet* den Verdacht auf Schulschwierigkeiten, Drogenprobleme, soziale Krisen oder ähnlichem haben, trotzdem nicht im Tagebuch, im Zimmer, im Computer oder im Ranzen schnüffeln. Auch nicht, wenn Sie glauben, es geht nicht anders. Nicht einmal, wenn Sie glauben, es geht wirklich nicht anders.

In einer solchen Situation wollen Sie Ihrem Kind helfen, und das geht sicher nicht besser, wenn Ihr Eröffnungszug darin besteht, sein Vertrauen zu brechen (egal ob Sie das auch so sehen oder nicht). Sprechen Sie Ihre Sorge in einem möglichst ruhigen Moment an. Ihr Wort hat für Ihr Kind weit mehr Gewicht, als Sie wahrscheinlich glauben. Bauen Sie darauf.

Was das Kinderzimmer betrifft: Ein Kind kann sehr wohl dafür verantwortlich sein, die eigene Wäsche in den Wäschekorb zu werfen. Tut es das nicht, Pech gehabt. Es ist auch keine Zumutung, einmal die Woche oder notfalls alle zwei Wochen das Kinderzimmer saugen zu wollen, damit keine Ratten (außer den zwei im Käfig) dort Quartier beziehen. Wenn Ihr Kind nicht will, dass Sie das tun, muss es zu einem fest vereinbarten Zeitpunkt selbst saubermachen.

Eskalationen wie »Ich schmeiß alles in den Müll, was am Montag noch auf dem Boden liegt«, fühlen sich machtvoll an, stellen aber eine Demütigung dar und verschlimmern die Lage nur. Im Zweifelsfall: Beweisen Sie mehr Ausdauer bei dem Thema als Ihr Teenie. Über hygienische Grundsätze hinaus verhält es sich mit dem Kinderzimmer wie mit Taschengeld – sie sollten voraussetzungsfrei gewährt werden und nicht ständig in Gefahr sein.

Kleidung: Solange Ihr Kind sich durch seine Bekleidung nicht in Gefahr bringt (und das wird nur sehr, sehr selten der Fall sein) – Klappe halten. Ihr Kind kommentiert ja hoffentlich auch nicht dauernd, wie Sie sich anziehen. Darüber können Sie froh sein!

Partnerwahl und Sex: Wenn Sie mit der Aufklärung bis jetzt gewartet haben, ist es zu spät. Mit etwas Glück haben Sie noch *eine* Chance, Ihre wichtigsten Weisheiten loszuwerden. *Einmal* mit dem Kind hinsetzen und ihm sagen, was Ihnen zum Thema Sex und Liebe wichtig ist. (Vorher überlegen und vielleicht sogar üben.) Zu diesem Zeitpunkt ist weniger mehr! Ihr Kind wird Ihnen vermutlich mit versteinerter Miene peinlich berührt gegenübersitzen, aber drei bis vier Sätze werden zu ihm durchdringen.

Spätestens jetzt sollten Sie zumindest für sich selbst klären, was Sie beim Thema »Liebe« akzeptabel finden, und was nicht: Wie viel älter oder jünger darf der Freund oder die Freundin sein? Wie viel wollen Sie über den Freund oder die Freundin wissen, bevor die beiden allein und ungestört auf dem Zimmer sein dürfen? Sie müssen in dieser Hinsicht keineswegs cool und lässig sein (das schaffen Sie nämlich ohnehin nicht), allerdings werden junge Menschen zu großem Druck natürlich einfach ausweichen. So schwierig es hinzubekommen ist: Je klarer Sie sich über die eigene Position sind, umso unproblematischer, wenn Ihr Kind die Sache anders sieht.

Bevor Sie sich gegen »Das geht dich nichts an« zur Wehr setzen, versuchen Sie sich zu überlegen: Was wollen Sie? Ihr Kind will: möglichst viel allein entscheiden! Sie wollen (wahrscheinlich) seine Sicherheit gewährleisten. Wenn Sie sagen, was Ihnen wichtig ist, statt auf der Kontrollmöglichkeit an sich bestehen, lässt sich höchstwahrscheinlich beides unter einen Hut bringen.

Spannend fand ich, als eine meiner Töchter mal zwischen Tür und Angel murmelte: Ihre Freundin hätte gesagt, sie fände es ganz toll, dass wir uns immer erkundigen, wie es in der Schule war und was für Hausaufgaben zu machen sind und so. Das würde sie sich von ihrer Mutter auch mal wünschen. Diese Mutter wiederum wird uns ständig als Musterbeispiel vor die Nase gehalten, weil sie »alles erlaubt und nie irgendwas fragt«. Kommentar meiner Tochter: »Vielleicht ist es ja doch ganz okay, wie ihr das macht. Jedenfalls interessiert es euch. Das find ich gut.« Und weg war sie.

Wie man's macht, ist es richtig.

Bin ich denn eure Putzfrau?

Jahrelang tut man alles für sie, weil es nicht anders geht oder weil es weniger Arbeit macht: Essenkochen, Tischdecken, Wäschewaschen, Staubsaugen, Aufräumen, Wäsche einräumen, Bad putzen, Müll rausbringen … Und wenn das verwöhnte Kind jetzt ein Mal helfen soll, spuckt es Gift und Galle. Unverschämtheit!

Und dann auch noch dieser freche Spruch – *wer* ist denn hier *wessen* Putzfrau, bitteschön?

Kinder können fast von Anfang an mehr, als wir Eltern ihnen in unserem Beschützerdrang zutrauen. Haben wir unser Kindergartenschätzchen mit dem scharfen Messer hantieren lassen? Musste/sollte/durfte unser Grundschüler das gute Sonntagsgeschirr auflegen? Wenn überhaupt, gab es undankbare Aufgaben: Räum dein Zimmer auf! Bring den Müll raus! Mäh den Rasen!

Schnell fordert der Nachwuchs dafür Bezahlung – und zugleich gilt die vor allem Ehemännern sehr vertraute Regel: Wer eine Aufgabe nur schlecht genug erledigt, verschont sich beim nächsten Mal vor der Anfrage.

So bocken sich unsere Kinder lange durch, und dann sollen sie plötzlich etwas tun? Ohne Bonusmotivation durch Bargeld? Wieso, weshalb, warum?

Weil du kannst, und weil es nur fair ist! Aber wer die Mithilfe im Haushalt nicht von klein auf ganz selbstverständlich einfordert und zulässt, hat es jetzt schwer. (Weswegen dieses spezielle Problem übrigens bei alleinerziehenden Eltern deutlich seltener auftritt, hier »müssen« die Kinder alltagsbedingt Aufgaben übernehmen, sobald es geht, und die Eltern haben gar keine Zeit oder Kraft, ihnen dabei ständig über die Schulter zu gucken und nonstop korrigierend einzugreifen.)

Überlegen Sie sich gut, was Sie wollen.

▶ Geht es Ihnen vor allem um eine symbolische Aktivität, die in erster Linie eine Anerkennung Ihres Rundum-Sorglos-Services darstellen soll, suchen Sie sich besser einen anderen Weg zum Ziel. Wünschen Sie sich ein paar verbrannte Pfannkuchen zum Muttertagsfrühstück und im letzten Moment aus dem eigenen Garten geklaute Blumen zum Geburtstag. Oder fordern Sie einfach offen das

Lob ein, das Ihnen zusteht: »Weißt du was, ich putze und wasche und koche, und ich möchte gerade mal hören, wie toll du das findest.« Kein Teenager ist so dumm, an dieser Stelle seinen undeutlich gemurmelten Dank zu verweigern.

► Wollen Sie aber wirklich ab jetzt und für die verbleibende gemeinsame Zeit eine andere Lastenverteilung erreichen – weil sich die Lebensumstände geändert haben, weil Ihnen danach ist, weil Sie es für richtig halten – dann stellen Sie sich auf eine längere Umgewöhnungsphase ein. Sie werden anfangs mehr Zeit für Bitten, Erinnerungen und Kontrolle aufwenden müssen, als wenn Sie die Arbeiten selbst erledigen. Um diese Situation nicht zu einem Machtkampf eskalieren zu lassen, kann es sinnvoll sein, vorher die »guten« und die »schlechten« Arbeiten möglichst gerecht zu verteilen. Und gerecht bedeutet in diesem Zusammenhang nicht, so wie Sie es für richtig halten. Vielleicht saugt Ihr Teenie gerne Staub, hasst aber Küchendienst. Vielleicht liebt er oder sie meditative Momente beim Abwaschen, sieht aber partout nicht ein, warum Wäsche gefaltet werden sollte, bevor man sie in den Schrank stopft. Faustregel nach dem Comicstrip Calvin und Hobbes: »Einen guten Kompromiss finden alle ungerecht.« Je fairer *allen Beteiligten* die Abmachung erscheint, desto größer ist Ihre Chance auf deren Einhaltung, zumindest nach freundlichem Anstupsen.

In manchen Familien klappt es, einen Nachmittag der Woche zum gemeinsamen Aufräumtag zu erklären – dann ist man nicht allein mit der Drecksarbeit, sondern erlebt mit, dass alle anderen auch ihren Teil tun.

Falls keine Einigung zu erreichen ist, können Sie auch überlegen, *Ihr* Engagement einzustellen, bis Ihr Teenager einen für alle akzeptablen Kompromissvorschlag macht. Heißt: Sie decken nicht mehr für ihn oder sie mit, waschen seine/ihre Wäsche nicht mehr, etc. Aber Achtung: Manche Kinder fressen sich dann einfach bei den Freunden durch und ziehen wieder ihre dreckigen Klamotten von letzter Woche an. Die Taktik kann nur klappen, wenn sie nicht als offener Erpressungsversuch angelegt ist, sondern als ein Bemühen um ein Bewusstsein für Ihre Sichtweise.

Bereits bei meinem Sohn habe ich die Erfahrung gemacht, dass es wenig bringt, Handlungen einzufordern, deren Vorteil sich ihm nicht erschließt *und* die zu überprüfen ich ohnehin keine Zeit habe. Wenn ich will, dass er aufräumt, dann muss ich auch eine Stunde später gucken, ob er das getan hat. Und zwei Stunden später noch mal. Und so weiter. Und am Schluss im Zimmer stehen bleiben, bis er wenigstens anfängt. Vor allem aber: Warum wollte ich eigentlich, dass er aufräumt? Damit ich saugen kann? Macht Sinn. Weil es schöner aussieht? Macht keinen Sinn – ich muss es mir ja nicht angucken. Die Tür ist ja eh immer zu. Da verdonnerte ich ihn lieber zum Mithelfen bei Aufräumarbeiten im öffentlichen Raum. Dann lagen zwar gern auch mal alle Besteckteile mit den Griffen in die falsche Richtung, weil er das witzig fand, aber es war lustige, gemeinsam verbrachte Zeit – und hat mir trotzdem geholfen. Wenigstens symbolisch.

Jetzt hat er ein eigenes WG-Zimmer, und dort sieht es eher aus wie in meinem ersten WG-Zimmer als wie in seinem Kinderzimmer. Und ich bin sicher, in zwanzig Jahren liegen bei ihm auch nicht mehr Klamotten auf dem Boden rum als bei allen anderen Männern in der Lebensmitte.

In dieser Hinsicht habe ich den Vorschlag aufgenommen, aus Softwareentwicklung und Projektmanagement zu lernen. Dort gibt es sogenannte »Agile Prinzipien«. Das heißt, es wird nicht mehr über vierzig Hierarchieebenen von oben nach unten angeordnet, und wenn drei Jahre später ein riesiges Programm oder Projekt fertig wird, ist es schon überholt und veraltet. Sondern die Teams managen sich weitgehend selbst, sie stellen sich möglichst kleinteilige, schnell zu erledigende Aufgaben, die modular in größere Projekte eingebaut werden. So entstehen zudem kurze, schnelle Feedbackschleifen: Man entwickelt innerhalb von ein bis zwei Wochen eine Idee oder Funktion, testet, dann sieht man weiter.

Übertragen auf das Familienleben heißt das aus Expertensicht:

▸ Die Familie hält regelmäßig *kurze* Zusammenkünfte ab (zum Beispiel ein Mal pro Woche zwanzig Minuten) und bespricht: Was lief gut, was lief schlecht, woran wollen wir in der kommenden Woche arbeiten?

► Bei der Gelegenheit kann auch geklärt werden, welche Konsequenzen gegebenenfalls entstehen. Beispielsweise war vor kurzem unsere eine Tochter verärgert über einen verletzenden Kommentar der anderen. Wir fragten sie, welche Strafe sie angemessen fände. »Eine Woche keinen iPod!«, sagte sie spontan. »Das gilt dann aber auch für dich, wenn dir so etwas passiert.« »Hm, dann lieber einen Tag keinen iPod.« Damit war die andere Tochter einverstanden (und diese Konsequenz gilt natürlich auch für uns Eltern).

► Testen, testen, testen. Eine Regel oder Vorgabe wird ausprobiert und verfeinert. Wenn besonders viele Klassenarbeiten anstehen, wollen wir Eltern zum Beispiel die Ablenkung durch TV, Handy und Computer begrenzen (siehe auch nächstes Kapitel). Das sahen unsere Kinder auch grundsätzlich ein. Wichtig war ihnen aber der Silberstreif am Horizont: »Können wir das erst mal bis zu den Sommerferien ausprobieren?« Das war für uns okay. Und dann sprechen wir mit mehr Erfahrung neu darüber. Ja, das ist ein bisschen Elternsein im Team. Der große Vorteil aus meiner Sicht besteht darin, dass man weit weniger Zeit dafür vertut, Regeln durchzusetzen, die keiner einsieht und denen alle nur ausweichen wollen.

► Manche Familien führen darüber hinaus lange Listen mit den Pflichten der einzelnen Familienmitglieder, auch dieses Element stammt aus dem »Agilen Projektmanagement«. Jeder weiß dadurch genau, was wann zu tun ist und kann seine Erfolge abhaken (und dieses Abhaken ist eine große Motivation). Wer möchte, kann das System noch durch die sogenannte »Gamification« aufbohren und Punkte, Preise oder Belohnungen für X erfolgreich erledigte Arbeiten verteilen. Es gibt auch zahlreiche mobile Apps, die das erlauben. So verdient man sich zum Beispiel mit fünf Mal Zimmeraufräumen genug Punkte für eine halbe Stunde TV.

Man kennt dieses Prinzip der mehr oder weniger spielerischen Quantifizierung und Selbstoptimierung von Sport-Apps wie »Map My Run« oder »Runtastic«, aber auch von Check-in-Möglichkeiten Marke »Foursquare« und natürlich von Bonuskarten (zehn Kaffee trinken = einer umsonst) und Kundenkartensystemen wie Payback.

Ich bin kein großer Freund von Belohnungen für Dinge, die ich als selbstverständlich ansehe – aber meine Frau findet sie ganz gut, und manchmal war es zumindest ein schöner Kickstart. Da ich zugleich auch der Ansicht bin, es ist für Kinder kein Problem, wenn Eltern unterschiedliche Positionen vertreten, solange sie jeweils konsequent sind, konnte ich hier gleich ein bisschen lernen. Denn natürlich kamen die Kids immer zu dem Elternteil, bei dem sie die größten Erlaubnischancen witterten. Wodurch wir uns auf die Dauer gegenseitig unterminierten.

So habe ich in dieser Hinsicht gelernt, öfter mal meine liebgewordenen Vorstellungen über Bord zu werfen. Wenn zum Beispiel mein Wunsch, »Wir sollten uns mehr bewegen und weniger essen« nicht *von alleine* wahr wird, weil er doch gut für alle ist – dann hilft vielleicht das Versprechen meiner Frau, für bestimmte Sportzeiten pro Woche erlauben wir am Ende etwas, das uns eigentlich nicht so gefällt. (Im konkreten Fall eine Chat-App für das eine Kind und Ohrlöcher beim anderen.) Das lief. Auch deshalb, weil ich bereit war, zumindest probeweise mit an diesem Strang zu ziehen. Ein weiteres Element »agiler« Systeme: Besser einfach mal machen und gucken, wie es läuft, als viel zu lange nachzudenken.

Handys, Computer und Facebook gehören eben heute einfach dazu!

Im Unterschied zu vielen weithergeholten bis vollkommen absurden Behauptungen der Teenies stimmt diese: Handys, Computer, Facebook usw. gehören heutzutage zu unserem Alltag.

Dass Technik an sich weder gut noch schlecht ist, kann jeder nachvollziehen. Ebenso unwiderlegbar: Die meisten Erwachsenen nutzen Kommunikationsmedien noch weit mehr als unsere Kinder, schon weil die sieben Stunden wochentäglich in der Schule sitzen, während wir im Büro auf den PC starren, Facebook-Meldungen lesen und auf dem Smartphone private Mails checken.

Vor vierzig Jahren war man überzeugt, Fernsehen würde die nächste Generation Kinder total verblöden lassen – tatsächlich hat diese Generation einige der beeindruckendsten Erfindungen in der Geschichte der Menschheit hervorgebracht. Und das waren sicher nicht nur die von Kopf bis Fuß in Jute gekleideten Nicht-Fernseher. Mit den besorgten Pauschalisierungen ist das also so eine Sache. Andererseits ist die Aufmerksamkeitsspanne nicht etwa von Kindern, sondern von erwachsenen Arbeitnehmern in den letzten Jahren angeblich von zwanzig Minuten auf neun Sekunden (!) gesunken. Ob diese Zahl präzise stimmt, weiß ich nicht, aber jeder kennt wohl mittlerweile beim kleinsten Hauch von Langeweile das Bedürfnis, mal schnell Mails zu checken. (Und ich kann aus eigener Erfahrung hinzufügen: Wer den ganzen Nachmittag auf Facebook verbringt, schreibt in der Zeit verdammt wenig Manuskriptseiten.)

Ja, modernes Zeug, das Eltern unheimlich fanden, gab es vermutlich immer schon. Aber deswegen ist der Rückschluss »Lass laufen und reg dich einfach nicht so auf« noch lange nicht zulässig.

Meiner Ansicht nach stellen Handy, Computer & Co. deswegen ein so unerwartet großes

Problem dar, weil wir ja durchaus wollen, dass unsere Kinder die Geräte nutzen. Für Referate, zum Nachschlagen, um per Mail mit Oma in Kontakt zu bleiben. Wir fordern Anrufe, wenn sie sich verspäten, und wollen, wenn wir in Sorge sind, dass sie ans Handy gehen (und nicht wenige Eltern liebäugeln zudem mit den Ortungsdiensten, die viele Smartphones inzwischen ermöglichen). Was wir *nicht* wollen, ist, dass unsere Kinder ihre Zeit »nutzlos« vertrödeln. Wobei man sehr lange darüber diskutieren und streiten kann, was »nutzlos« ist, und ob Zeit zu »vertrödeln« nicht sogar sehr nützlich sein kann (wenn auch wiederum vielleicht nicht nur mit Hilfe passiven Entertainments). Was wir auch *nicht* wollen, ist Missbrauch der Möglichkeiten: Zusammenkopieren oder gar vollständiges Herunterladen von Schularbeiten einerseits – sozialer Druck bis hin zum Mobbing andererseits.

Doch wie kann man die »schlechten« Eigenschaften eines Mediums verhindern, ohne auf die »guten« Eigenschaften ebenfalls zu verzichten? Gar nicht oder zumindest kaum, fürchte ich.

Erziehungsexperten plädieren daher für eine beiderseitige »Medienerziehung«. Einige Faustregeln:

▸ Nutzen Sie Fernseher und DVD möglichst nicht als Babysitter. (Und gehen Sie später mit gutem Beispiel voran – wenn die Eltern jeden Abend vor der Glotze verbringen, werden die Kinder kaum ein gutes Buch lesen wollen.)

▸ Schauen Sie zumindest immer wieder mal Sendungen mit ihren Kindern zusammen an, auch wenn diese Sie nicht interessieren. Die meisten Kids freuen sich darüber – allerdings sollten Sie nicht die ganze Zeit am Programm rumnörgeln, sondern besser stumm zugucken. So bleiben Sie ein wenig auf dem Laufenden, und wenn Sie am nächsten Tag etwas zum Programm zu sagen haben, ist es offensichtlich fundierter, als wenn Sie pauschal alle Castingshows/Vorabendserien/Slapstick-Komödien für doof erklären.

▸ Ich zum Beispiel kann Casting Shows nicht ausstehen, weil es mir nicht behagt, dabei zuzusehen, wie junge Menschen im TV gedemütigt werden. Selbst dann, wenn es für einen von ihnen angeblich eine ganz große Chance darstellt.

Aber wenn ich immer Nein sage, gucken meine Kinder nur woanders. Also beiße ich ab und zu in den sauren Apfel und gucke mit ihnen *The Voice* oder *GNTM*. Dann habe ich Gelegenheit, ihnen zu zeigen, was mir nicht gefällt. Und sie können mir zeigen, was sie toll an dem Format finden. Das ist für mich okay, denn mein Ziel ist ja nicht, dass sie so fernsehen (oder die Welt sehen) wie ich. Sondern dass sie lernen, sich eine eigene Meinung zu bilden. Natürlich möchte ich auf diese Meinungsbildung Einfluss nehmen, und ich finde, Eltern dürfen und sollten das auch. Und ich mache auch nicht alles mit, nur um mit ihnen darüber diskutieren zu können. Aber manches. Auch, weil mir die Zeit besser investiert scheint in ein Gespräch, als in viele Verbote und ewiges Gestreite. Aber das kann man auch anders sehen. Da müssen Sie sich jetzt Ihre eigene Meinung bilden.

▶ Zögern Sie Computerzugang und später vielleicht einen eigenen Computer soweit wie möglich hinaus. Das kann zum Beispiel damit beginnen, dass Sie Ihre kleinen Kinder im Zweifelsfall lieber nicht auf dem iPad »malen« lassen, sondern in einem Malbuch. Es kann auch bedeuten, für die ersten Referate gemeinsam in die Bibliothek zu gehen, statt die Infos aus dem Internet zu holen (Sie holen die aufgewandte Zeit in gesparten Diskussionen locker wieder rein).

▶ Nutzen Sie selbst PC und Handy möglichst wenig, während Ihr Kind zu Hause ist, auch das verschafft eine Zeitverschiebung nach hinten, weil Sie ein gutes Vorbild abgeben.

▶ Ja, es ist finanziell eigentlich eine Schande, den alten Fernseher oder Rechner auf den Recyclinghof zu fahren oder billig auf Ebay zu verscherbeln. Da kann man das Gerät doch auch ins Kinderzimmer stellen! Andererseits: Mit Ihrem Verkauf oder Ihrer Spende machen Sie jemand, der sich kein Neugerät leisten kann, eine Freude! Und »erzwingen« noch ein Weilchen länger, zumindest aus dem Augenwinkel mitzubekommen, was Ihr Kind wie konsumiert.

▶ Wenn Kinder »unbedingt« ein Handy »brauchen«, können sie sich auch an den Kosten beteiligen. Dafür müssen sie eine entsprechende Vereinbarung treffen (zum Beispiel: Anrufe nach Hause zahlen die Eltern, Anrufe bei Freunden und alle SMS zahlt das Kind) und einen Einzelverbindungsnachweis beantragen. Daraus ergibt sich bei jeder Guthabenaufladung eine neue Gesprächsmöglichkeit!

► Die Kids sind viel smarter und offener als Sie und können Apps bedienen und in Spielen »cheaten«. Lernen Sie mit Ihrem Kind gemeinsam, und machen Sie das auch zur Bedingung. Kein Netzwerk, kein »Kommunikationskanal« (wie Chat, Mail, Kurznachrichten) ohne gemeinsame Test- und Kennenlernphase.

► Ich persönlich hasse Gewalt in Videospielen (und in Wirklichkeit) ebenso wie Horrorfilme. Ich kann auch Achterbahnen nicht ausstehen. Aber wenn ein Kind auf Achterbahnen, Horrorfilme oder Ego-Shooter steht, dann versuche ich zu trennen zwischen »Mag ich nicht« und »Sollst du nicht«. Das kann zusammenfallen, muss aber nicht. Meistens hole ich mir dann Rat von einem befreundeten Erwachsenen, der Ballerspiele, Instagram oder Rollercoaster liebt.

► Was den maßlosen Konsum oder die Abhängigkeit vor allem von sozialen Netzwerken angeht – die gibt es nicht nur bei Jugendlichen, sondern auch bei Erwachsenen. Das macht es nicht weniger problematisch, aber es ist kein »Teenie-Problem«. Um einer Sucht vorzubeugen, empfehlen Fachleute zum Beispiel einen medienfreien oder elektrogerätefreien Tag pro Woche – das gilt dann aber natürlich auch für die Eltern.

Wie in der Sexualerziehung gilt auch bei modernen Medien: Erklären Sie die »goldenen Regeln« mehrfach und schon lange bevor sie benötigt werden!

▶ Nur mit Leuten vernetzen, die man schon »in echt« kennt. Anfragen von Fremden ablehnen oder mit den Eltern gemeinsam besprechen.

▶ Niemals mit jemand treffen, den man nur aus dem Chat kennt!

▶ Nie den vollen Namen, Adresse, Telefonnummer oder Geburtsdatum angeben! Auch nicht die Daten von Eltern oder Geschwistern.

▶ Nichts schreiben, was man nicht auch sagen würde!

▶ Wenn sich Ihr Kind unter Druck gesetzt fühlt, darf es sich jederzeit bei Ihnen Hilfe holen! (Und Sie schimpfen dann nicht, sondern helfen auch wirklich.)

► Keine Fotos von anderen ohne deren Einverständnis hochladen.

► Datenschutzeinstellungen auf Netzwerkseiten am besten mit den Eltern gemeinsam einstellen, so dass Fremde nicht mitlesen können.

► Keine peinlichen Geschichten oder Fotos ins Netz, auch nicht, wenn sie zugleich lustig sind, und weder von sich selbst noch von anderen. Unsere schlimmsten Aussetzer lassen sich nie mehr löschen, weil andere sie kopieren, und Jahre später hat man deshalb Probleme im Bewerbungsgespräch.

► Nicht mit Sex- oder Gewaltseiten angeben. Wenn andere dies tun, weggehen oder Thema wechseln.

► Keine illegalen Downloads! Unfair gegenüber den Urhebern – und *Sie* haften dafür!

Aus manchem besorgniserregenden Gamer der Siebziger ist inzwischen ein Softwaremillionär geworden. Andere sind aus der Spielabhängigkeit direkt in die daueralkoholisierte Langzeitarbeitslosigkeit übergewechselt, weil ihre »skillz« keinen Marktwert haben. Das stimmt. Patentrezepte gibt's also leider auch bei diesem Thema wieder mal nicht.

Mir hilft am ehesten der Versuch, so zu handeln, wie ich mir wünsche, dass meine Kinder später handeln – frei und selbstbewusst. Die Technik ist für mich da, nicht umgekehrt. Zugleich versuche ich mich an meine Kindheit zu erinnern. Ich habe »stundenlang« mit meinem besten Freund telefoniert (und kann mich beim besten Willen nicht daran erinnern, was wir uns so Überlebenswichtiges zu sagen hatten). Ich habe halbe Tage bei meinem anderen besten Freund mit der Carrerabahn gespielt. Ich habe meinen Lieblingssong eine Woche lang nonstop gehört – und dann nie wieder. Ich habe mich, als meine Eltern das erste Mal allein in Urlaub fuhren, zwei Wochen von nichts außer Zitroneneis ernährt – und mag es bis heute nicht mehr. Kinder und Jugendliche haben eine absonderliche Liebe zur Monotonie. Solange sich Abwechslung in der Monotonie ausmachen lässt, versuche ich, mich zu entspannen. Und im Fall neuer Medien, fit im Kopf und gut informiert zu bleiben, indem ich mich dafür interessiere, was sie da tun.

Das macht mich nicht cool. Aber klüger. Denn fast nichts ist so schlimm, wie es erscheint, wenn man keine Ahnung hat.

Außerdem nimmt Verständnis (im Sinne von: Kenntnis haben, inhaltlich verstehen) dem Thema die Coolness. Wenn man die Eltern nicht zur Weißglut treiben kann, indem man sie ausgrenzt und sie sich drüber ärgern, ist der halbe Spaß weg und die halbe Diskussionsgrundlage wieder da.

So hat unsere Tochter uns beispielsweise lange bekniet, SnapChat nutzen zu dürfen. Mit dieser App kann man Bilder schicken, die sich nach maximal zehn Sekunden automatisch selbst löschen. Ihre beste Freundin liebt die App, von der wollte sie gern Nachrichten bekommen.

Erst haben wir Nein gesagt. Und ausführlich erklärt, warum. Dann hat sie verschiedene Kompromissvorschläge gemacht. Darunter den, dass sie nur zwei Kontakte auf SnapChat haben wird (mehr wollte sie sowieso nicht) – und dass wir es ausprobieren, erst mal eine Woche, dann noch eine. Mal sehen, ob es sie wirklich nervös macht, ob sie wirklich bei jedem »Ping« aufspringt.

Eine weitere Elternsorge im Zusammenhang mit SnapChat besteht darin, dass ältere Teens die App gern nutzen, um Nacktfotos von sich zu verschicken, da diese sich ja von alleine löschen. Doch a) sollte man ohnehin keine Nacktfotos verschicken und b) schon gar nicht digital, denn natürlich gibt es Möglichkeiten, die Bildern zu speichern. Außerdem wird gern per SnapChat gemobbt, weil es zwar nicht unmöglich, aber doch schwieriger als bei normalen Messages ist, dies zu beweisen.

Also gut, wir haben dem Probelauf zugestimmt. Und es war gar nicht schlimm. Die beiden Mädchen haben sich nicht mehr geschrieben als vorher, nur eben jetzt in dieser App statt in jener. Das Aufspringen beim »Ping« hat nicht zugenommen, weil die Bildzeit nicht ab dem »Ping« herunterzählt, sondern ab dem Moment, wo man die Nachricht anschaut. (In dieser Hinsicht hatte ich die App also schlicht falsch eingeschätzt.) Dass die manchmal schönen Bilder hinterher futsch sind und man sie schlecht zeigen kann, frustriert unsere Tochter eher – bei manchen stresst es sie erkennbar. Und sie merkt das auch und gibt es manchmal sogar zu. Das finde ich gut.

Interessant war auch das Bemühen, eine Möglichkeit der zeitlichen Begrenzung zu finden. Dass nicht jede freie Minute an einem beliebigen Bildschirm verbracht werden sollte, darüber waren sich alle einig, sogar die Kinder. Aber wie viel ist zu viel, und wer entscheidet?

Ich hoffe immer, dass sich die Dinge aus sich heraus regeln, dass also Computerspiele oder Chats irgendwann langweilig werden. Aus meiner Sicht hätte es gereicht, ab und zu mal zu sagen: »Jetzt geh doch mal ein Buch lesen oder draußen spielen« – je nach Jahreszeit.

Meine Frau und, spannend, die Kinder wollten lieber eine feste Regel, bei der man jederzeit weiß, woran man ist. Na gut, solange ich nicht der Zeitnehmer sein muss.

Aktuell machen wir es nun so, dass die Mädchen selbst ihre Bildschirmzeit messen. An Schultagen haben sie etwas weniger Zeit zur Verfügung, als sie haben wollten, am Wochenende etwas mehr, als wir ihnen geben wollten, und zu Beginn des nächsten Schuljahrs besprechen wir die Sache neu. Ich hätte schwören können, das klappt nicht. Aber es klappt. Alle sind happy, also auch ich.

Auch alte Väter lernen eben noch neue Tricks.

Es geht aber noch weiter. Ich schickte meiner Tochter dann eine Mail mit einem Link zu einem umgerechnet etwa zwei A4-Seiten langen Text. Der war ganz lustig, aber sie las ihn nicht. Meine erste Vermutung: Ist ihr eben zu viel Text, da sieht man mal wieder, wie wenig Ausdauer die jungen Leute haben! Sie erklärte mir dann aber: Sie würde den Text gern lesen, er klänge ganz witzig, aber ihre Online-Zeit sei ja (auf elterlichen Wunsch) begrenzt worden – ob ich ihr den Artikel ausdrucken könne. Ach so ist das: Sie geht sorgfältig und bedacht mit dem vereinbarten Zeitbudget um. Einfach dadurch, dass ich ihr nicht direkt mein Vorurteil in den Rachen gestopft habe, wurde aus der Beobachtung eine (positive) Erkenntnis. Und den Ausdruck hat sie dann gern gelesen und sich mit mir gemeinsam amüsiert.

Im Übrigen ist das Thema »Freunde« in Kombination mit »neuen Medien« noch lustiger geworden als für unsere Elterngeneration. Vor dem Frühstück fotografieren unsere Töchter sich gegenseitig, um per Kurznachricht abzuchecken, ob ihr Look zu den Klamotten der Klassenkameradin passt. Wenn ich dann vorschlage: »Frag doch gleich, was du auf dein Frühstücksbrot haben willst«, verdrehen die Damen zwar die Augen, müssen aber trotzdem lachen. Solange ich derartige Scherze aus einer entspannten Haltung heraus mache, ohne Hohn oder Ironie. Und nicht zu oft.

Ein paar Biere/Joints haben noch keinem geschadet

Alkohol, Zigaretten und Drogen sind – wie Handys und PC – vor allem deshalb ein schwieriges Thema, weil das alltägliche Verhalten der meisten Eltern von ihren Regeln deutlich erkennbar abweicht. Wenn Vater nach der Arbeit ein bis drei Bierchen braucht, um »runterzukommen«, wenn Mutter auf der Terrasse steht und quarzt – wieso sollten die Kinder es dann nicht nachmachen wollen?

Natürlich sind die gesundheitlichen Auswirkungen selbst legaler Drogen wie Alkohol oder Nikotin für Jugendliche größer (= gefährlicher) als für Erwachsene. Und es ist auch vollkommen richtig, dass vor allem Alkohol bei jungen Menschen noch schneller zu Katastrophen führt als bei Erwachsenen. Jugendliche versuchen dann eben noch besoffen nach Hause zu fahren oder infizieren einander volltrunken mit unerfreulichen Krankheiten. Die Eltern taumeln meist bloß die Treppe hoch ins Bett und haben am nächsten Morgen einen dicken Kopf.

Trotzdem scheint die Lösung des Problems ganz einfach: Wenn Sie den Umgang mit Alkohol und Zigaretten nicht so vorleben können, wie Sie ihn sich von Ihrem Kind wünschen, dann fassen Sie sich an die eigene Nase und motten Sie Ihre klugen Sprüche ein.

Aus eigener Erfahrung: Vor einigen Jahren beklagte mein Hausarzt zu hohe Leberwerte. Wahrscheinlichste Ursache: zu viel Alkohol. Einfachste Diagnosemöglichkeit: einen Monat keinen Tropfen, dann neu messen. Verdammt, das ist mir aber viel, viel schwerer gefallen, als ich gedacht hatte und als mir lieb war. Wie die meisten von uns bin ich auch ganz gut darin, mir schön in die Tasche zu lügen. Aber die Kids sehen uns, wie wir wirklich sind. Damit müssen wir leben.

Wenn Sie die Gefahr von Alkohol- und Drogenkonsum wirklich ernsthaft beunruhigt, ist das beste, was Sie tun können, selbst keinen Alkohol zu trinken und keine Drogen zu nehmen. Und auch keine »lustigen« Heldengeschichten von damals zu erzählen, als sie voll auf dem Acid-Trip mit Ihren Freunden super Spaß hatten.

Tatsächlich lastet oft ein ganz schön unangenehmer Stress auf unseren Teenies – Leistungsdruck, Gruppendruck, und sich selbst kennenzulernen und auszuprobieren ist auch nicht immer nur erfreulich. Alkohol, Zigaretten und Drogen sind Möglichkeiten a) etwas zu tun zu haben, b) nicht aufzufallen, c) cool und lässig zu wirken, d) die Nervosität zu lindern. Die allermeisten Erwachsenen haben mit denselben Problemen zu kämpfen, nur ist unser Repertoire an Gegenmaßnahmen oft größer. Wir können uns zum Beispiel vom Ärger im Büro ablenken, indem wir einen Streit mit dem Partner oder dem Kind anfangen, über Abwasch oder Hausaufgaben. Wir können Sport treiben und Adrenalin verbrennen. Wir haben uns einerseits oberflächlich etwas besser im Griff und haben andererseits unauffälligere Methoden zum Stressabbau entwickelt.

Ich glaube, wenn man diese Komponente »mithört« – dass es vielen Jugendlichen darum geht, es sich leichter zu machen, schmerzhaften Gefühlen auszuweichen –, reagiert man anders. Und so unbequem und schwierig das ist, jedenfalls für mich persönlich, ich fürchte, die beste Erziehungsmaßnahme in diesem Bereich besteht darin, sich selbst so zu verhalten, wie man es sich von seinen Kindern wünscht.

In der Hoffnung, dass es eine vorübergehende Phase ist und man keine professionelle Trinkerkarriere subventioniert, kann man dem Kind anbieten, es abzuholen oder Taxikosten (gegen Quittung) zu übernehmen, um wenigstens Sekundärschäden zu vermindern. Der Grat zwischen Verständnis und Leichtmachen ist jedoch schmal.

Wir haben Freunde, die versucht haben, ihre Kinder ohne Schokolade großzuziehen. Das ging nicht lange gut, inzwischen sind sie eingeknickt, aber die Idee ist lustig. Nur: Wenn man die Kinder nicht wie Kaspar Hauser im Keller hält und sie nix wissen von der Welt, dann kennen sie Schokolade, Bier, Alcopops, Zigaretten und Handys. In dem Fall gilt nur noch: Alles, was besonders streng verboten ist, wirkt ganz besonders spannend und verlockend. Und wenn ich es zu mir nehme, kann ich zugleich auch noch meinen Eltern eins auswischen. Das macht die Versuchung doppelt und drei Mal so groß.

Aber ich gebe zu, mein Sohn ist jetzt 21, und es kommt mir immer noch ein wenig komisch vor, mit ihm ein Bier zu trinken.

Ich bin doch nicht euer Sklave!

Natürlich bestehen Beziehungen im Alltag auch aus »Deals«. Einer verdient mehr Geld, einer kümmert sich intensiver um Haushalt und Kinder. Ich bin freundlich zu dir, du bist freundlich zu mir. Du wohnst bei uns, wir waschen deine Wäsche, dafür bringst du den Müll raus oder mähst den Rasen. Wenn solche Absprachen dauerhaft missachtet werden, hat das Gründe und führt zu Problemen.

Doch das ganze Leben nur als »Deal« zu betrachten nach dem Motto »Wer zahlt, bestimmt«, und deshalb: »Solange du deine Füße unter meine Tisch stellst …« ist auch ein bisschen sehr betriebswirtschaftlich. So kann Familie nicht funktionieren, und das wollen wir eigentlich auch gar nicht.

Zwar kann man viele Alltagsprobleme auf diese Weise betrachten und sogar auf der Sachebene sehr konstruktive Lösungen finden (das Buch *Mehr Sex, weniger Abwasch* von Paula Szuchman und Jenny Anderson behandelt dieses Thema ebenso ausführlich wie amüsant). Und dass in einer Familie jeder seinen Teil beitragen muss, leuchtet schon Kindergartenkindern ein – Jugendliche haben das weder vergessen noch verlernt. Sie haben nur keine Lust dazu. Jedenfalls nicht »so«. Und ich glaube, da liegt der Hase im Pfeffer. In der Art und Weise, wie wir versuchen, unsere Teenies zur »Mithilfe« zu verpflichten.

»Du darfst erst an den Computer/fernsehen/rausgehen, wenn du deine Hausaufgaben gemacht hast!« – »Ich wasche deine Wäsche und koche das Essen, da kannst du doch wohl mal den Müll runterbringen!« – »Wenn du eine Zwei in der nächsten Mathearbeit schreibst, darfst du am Wochenende eine Stunde länger wegbleiben.« – Alles Beispiele für ökonomisch nachvollziehbare Wenn-Dann-Bedingungen (*quid pro quo*). Eltern betrachten das als Belohnungen für Wohlverhalten. Letztlich bürgert sich aber so eine Form gegenseitiger Erpressung ein. Du bekommst das, was du willst, nur dann, wenn ich *vorher* bekommen habe, was ich will.

Klar, jeder kennt das Foto des superfetten Kahlkopfs Hand in Hand mit der hochdünnen Bikinischönheit: »Wer von beiden ist der Milliardär?« Natürlich sind Beziehungen ein Geben und Nehmen. Wenn sich jemand dauerhaft »unter Wert« behandelt fühlt, knallt es irgendwann. Zu recht.

Der Ausweg besteht aber nicht in immer mehr Handelsabkommen, Versprechungen, Bedingungen, Gegenforderungen und der Androhung von Sanktionen. Denn so verlieren die Dinge, die Teenies zwar langfristig gut tun, die aber kurzfristig wenig Spaß machen (zum Beispiel lernen), endgültig ihren Wert. Fußballtraining oder draußen spielen sinken im Ansehen; was immer das Kind will (zum

Beispiel fernsehen oder am Computer spielen) erscheint als Belohnung nun noch viel verlockender.

Aber: Wann leisten Sie mehr im Job? Wann bringen Sie Ihrer Frau Blumen mit oder backen Ihrem Mann einen Kuchen (oder was immer Sie füreinander tun, wenn Sie sich besonders gern mögen)?

Wenn Sie es »freiwillig« tun können!

Dabei ist das mit dem »freiwillig« so eine Sache. Überlegen Sie sich wirklich morgens im Bett: Ach, heute habe ich am allermeisten Lust darauf, mal wieder so eine richtig starke Präsentation abzuliefern? Oder: Wenn ich die Wahl aus allen Frauen oder Männern der Welt hätte, würde ich mich auch heute wieder nur für diese(n) entscheiden?

Also, ich nicht.

Den vorhandenen Rahmen, den wir uns irgendwann mal selbst gezimmert haben und in den unsere Kinder hineingeboren wurden, stellen wir ziemlich selten in Frage. Aber *innerhalb* des Rahmens würde ich gern so weit wie möglich mein eigenes Ding durchziehen, mir treu bleiben, meine Persönlichkeit entfalten, und so weiter und so fort. Will mir einer sagen, was ich zu tun habe – Pech gehabt!

Und dabei habe ich sogar noch etwas zu verlieren: Ich kann gekündigt werden oder meine Beziehung scheitert. Ein Teenager hat, zumindest war das meine Weltsicht, nichts zu verlieren. Das stimmt zwar nicht wirklich, es fühlt sich aber so an!

Sie treten also mit all Ihrem geballten Wollen an gegen jemand, der stets den Trumpf im Ärmel hat, Sie auflaufen lassen zu können. Wie wollen Sie denn jemand ernsthaft *zwingen,* Ihnen Blumen mitzubringen, Kuchen zu backen oder die bestmögliche Präsentation zu halten? Geht nicht. Darüber können Sie sich ärgern, bis Sie keine Luft mehr kriegen, es geht trotzdem nicht.

Können wir uns also abschminken.

Ich kann etwas von Ihnen *wollen.* Sie können auch was von mir *wollen.* Aber am Ende macht jeder von uns nur, was wir *selber* wollen.

Wie Sie damit bei Ihrem Teenie weiterkommen, bleibt Ihnen überlassen. Es gibt Familien, die arbeiten beinhart nur noch mit Belohnungen (= Erpressungen), die Eltern tun keinen

Schlag mehr, wenn die Kinder keinen tun. Solange alle damit leben können, warum nicht? Es gibt auch Familien, die ständig aushandeln, wer was macht, wie sich möglichst alle möglichst gerecht und gut aufgehoben fühlen. Wenn das für sie gut geht, prima. In vielen Familien geht es kreuz und quer drunter und drüber, vor allem mit mehr als einem Kind, und noch vor allem mit mehr als einem Teenie, und auch das ist total in Ordnung.

Ihr Job als Elternteil ist in dieser Sache, denke ich, am besten vergleichbar mit einem super Chef. Der ist nicht darauf aus, Anweisungen zu geben. Sondern alle paar Monate den Raum und die Offenheit zu schaffen, möglichst genau zu ermitteln, wer wo steht und die Arbeiten und Aufgaben der folgenden Zeit dann möglichst passend zu vergeben.

Denn *gefühlte* Gerechtigkeit ist wichtiger als tatsächliche Gerechtigkeit. Unsere eine Tochter brauchte eine Zeitlang eher mehr Hilfe bei den Schularbeiten. Daraufhin kam die andere natürlich immer genau dann an und wollte auch irgendwas. Ich hatte aber gerade keine Zeit. Großes Geschrei, beleidigter Abgang, sie sucht sich eine andere Familie. Dann habe ich sie irgendwann mal gefragt, was sie eigentlich von mir will. Ich könnte natürlich auch gern ihre Hausaufgaben mit ihr durchsehen … aber wozu? Nein, meinte sie, ich soll was mit ihr spielen. Da ich nicht besonders gern spiele, wäre ich darauf selbst nicht gekommen, so blöd das klingt. Aber seitdem schlage ich ihr immer, wenn sie mault, dass sie sich langweilt, vor, dass wir was spielen. Und meistens findet sie das gut. Das ist Zeit, die wir an einander vorbei ge-lebt hätten, wenn ich nicht versucht hätte raus-zukriegen, was sie will. Wohlgemerkt, mit dem Ziel, sie dazu zu bewegen, weniger zu meckern. Ein unerwarteter Erfolg.

Das ist mein Leben, verdammt noch mal

Wir Eltern wissen alles besser. Die Teenies zwar auch, aber wir wissen es in Wahrheit wirklich besser. Ist auch klar, wir sind ja älter. Weswe-gen es uns auch ganz besonders nervt, wenn unser Kind etwas kann, was wir nicht können, ob Webseiten programmieren oder alle Hauptstädte der Welt alphabetisch rückwärts aufsagen.

Hat das Kind nun aber beispielsweise Freunde, die den Eltern nicht sympathisch sind, will ewig wegbleiben, scheußliche Musik hören, ausgedehnt fluchen oder gar mit irgendeiner dahergelaufenen Sandkastenliebe ins Bett gehen … dann aber Hallo!

»So geht das nicht, was glaubst du, wer du bist, in deinem Alter hatte ich noch Respekt vor meinen Eltern!« Letzteres eine Behauptung, die schon bei ihrem ersten Auftauchen an irgendeinem Höhlenfeuer der Urzeit gelogen war.

Solange das Kind klein ist, lassen sich die elterlichen Wünsche wenn nicht offen absolutistisch, dann eben geschickt hintenrum durchsetzen. Kleinere Kinder gehorchen besser, lassen sich eher überzeugen, und vor allem: sind zur Durchführung ohnehin auf uns angewiesen. Der Kindergeburtstag endet, wenn wir sie abholen. Die Freundin, die wir doof finden, hat leider nie Zeit für eine Verabredung. Die Musik nervt nicht so sehr durch lautstarkes Wummern, sondern eher durch schlagerhafte

Monotonie, aber selbst die nervigsten Kinderlieder sind leichter auszuhalten als ein ganzer Nachmittag Hardrock, Rap, Elektro, Gitarrenrock, Girlgroups, oder womit immer Ihr Kind sich auf Dauerschleife von innen den Schädel feinsandet.

Diese Zeit ist um und kommt nie wieder. Abschied ist zwar schmerzhaft, aber wir wollen ja irgendwie eigentlich auch, dass unser Kind einen eigenen Geschmack entwickelt, Charakter hat, für seine Ziele eintritt, eigene Freunde findet. Nur bitte eben ohne Lernkurve, gleich aus dem Stand perfekt, ohne sich und uns dabei zu verletzten, so wie wir eben.

Geht nicht, Pech gehabt.

Fachleute raten noch aus einem weiteren Grund zu einer möglichst langen Leine. Wichtige positive Eigenschaften wie Hoffnung und Selbstwertgefühl bilden sich nur durch eigene schmerzhafte Erfahrungen. Erst durch das Scheitern lernen wir.

Ihr Beitrag dazu besteht nicht darin, die Erfahrung erzählerisch vorwegzunehmen oder an Stelle Ihres Kindes die Entscheidungen zu fällen. Sondern darin, da zu sein, wenn es sich die Wunden leckt. Und ihm dann das Gefühl zu geben: Das tut weh. Das kenne ich auch. Du gehörst zu mir.

In vielen Fällen verbirgt sich hinter dem ewigen Fragen und Bohren und Ändernwollen der Eltern auch einfach Angst. Was macht mein Kind? Ist es in Gefahr? Hat es die richtigen Freunde? Zerbröselt ihm nicht das Hirn von der lauten Musik oder dem täglichen Haarefärben?

Teenies machen Fehler, sie lernen die Welt in einer jahrelangen Testreihe »Versuch und Irrtum« kennen. Genau wie Kleinkinder, die laufen lernen. Aufstehen, hinfallen. Aufstehen, hinfallen. Da fanden wir es niedlich. Heute finden wir es alarmierend. Der Unterschied besteht darin, dass wir unser Kind nicht mal mehr ab und zu auffangen können. Und sein Schmerz nicht mehr bei unserem Pusten gleich verfliegt.

Auch wenn es schwerfällt – je mehr Kontrolle wir abgeben und je mehr Interesse wir dabei zulegen, mit desto weniger Taumeln, desto weniger aufgeschlagenen Knien, desto weniger Herzschmerz, Teenagerschwangerschaften und Hörstürzen ist zu rechnen.

Dazu gehört auch, sich zu bemühen, die Kinder so wahrzunehmen, wie sie sind. Und nicht, wie sei sein sollen. Meine beiden Töchter zum Beispiel gehen turnen. Zeigen aber bei den alljährlichen Vorführungen keinen großen Ehrgeiz, die schwierigsten Übungen am besten zu können. Aber sie haben Spaß und machen gerne mit.

Auch wenn mir das heute keiner glauben würde, in meiner Jugend habe ich Leistungssport getrieben, recht ehrgeizig sogar, und fand das toll. Soll ich meinen Töchtern jetzt einen Schubs geben zu mehr Ehrgeiz? Oder ist das eine Projektion und ich sollte mich an ihrer Freude freuen und mehr nicht? Oder geht beides? Wann öffne ich ihnen Türen – und wann will ich sie formen, wie ich als Mädchen gewesen wäre? Sie haben es sich vielleicht schon gedacht, ich habe mich entschieden für: Die beiden machen gern und gut mit, und wenn sie richtig Ehrgeiz entwickeln wollen, werden sie das von alleine tun. Also freuen, loben, Klappe halten. Vielleicht war das richtig, vielleicht auch nicht. Sicher ist nur, bei Ihrem Kind ist es ganz anders.

Ihr vertraut mir einfach nicht!

Alter Witz: Guck mal, Mama, ohne Hände! Guck mal, Mama, ohne Zähne!

Kinder wollen alles »'leine« machen – und das ist gut so. Wir bestärken sie darin. Vor allem in den ersten Jahren, wo sie es im Detail zwar wollen, aber im großen und ganzen sowieso nicht können. Unser Status ist also nicht in Gefahr. Ein Kind, das schon alleine läuft, isst, durchschläft und auf Kommando ins Töpfchen macht, beeindruckt höchstens den Freundeskreis, will aber noch nicht ausziehen.

Weil sich Kinder jedoch so verdammt schnell weiterbilden, während wir mit unserem eigenen Leben beschäftigt sind, könn(t)en sie auf einmal Sachen, die wir ihnen noch nicht zutrauen.

Fast alles, was Kinder anstellen, geht irgendwie gut aus und hat möglicherweise sogar noch einen Lerneffekt. Das erst mal zur Beruhigung. Leider ändert diese Statistik nichts daran, dass ein verhängnisvoller Fehler im schlimmsten Fall lebenslange Konsequenzen haben kann für einen der Menschen, die wir am meisten lieben. Und wer will das schon?

Freunde, Urlaub, Ausgehen, Schule … alles thematische Dauerbrenner für eine Handvoll Pubertätsjahre. Natürlich können und sollen Sie nicht alles erlauben, was Ihr Teenie fordert – das Elternhaus ist kein Selbstbedienungsrestaurant mit defektem Kreditkartenlesegerät. Aber immer hart bei Ihrer Meinung zu bleiben, verzögert und vergrößert den bevorstehenden Knall nur.

Der US-Psychologe Phil McGraw brachte einmal ein mir einleuchtendes Beispiel. Sein Sohn wollte bis in die frühen Morgenstunden mit seinen Freunden auf die Piste. Die McGraws hätten ihn lieber um zehn Uhr abends im Bett gesehen. Die Fronten waren selbst im Psychologenhaushalt verhärtet. Was tun?

Der Profi fragte sich nunmehr: Was will ich wirklich? Und was will mein Sohn wirklich? Der Vater wollte seinem Sohn ja nicht den Abend vermiesen, sondern nur möglichst sicher sein, dass es ihm gut geht. Der Sohn wollte seinen Eltern keine Angst machen, sondern nur lieber Zeit mit seinen Kumpels verbringen.

Im Anschluss überlegte McGraw: Wie kann man möglichst beiden Bedürfnissen gerecht werden? Sein Vorschlag: Um Mitternacht muss sich der Sohn kurz per Handy melden und preisgeben, wo er ist und wie er nach Hause kommen wird. Außerdem musste er auf telefonische Anfragen der Eltern zügig reagieren. In beiden Fällen war auch eine von den Freunden unbemerkte SMS vom Klo akzeptabel.

Ich war natürlich nicht dabei, aber McGraw schwor, dass es für alle Beteiligten funktioniert habe.

Ich nenne solche Varianten familienintern den »dritten Weg«. Einer will A, der andere will B. A und B schließen sich aus (oder zumindest scheint es so). Kann man nun eine Variante C finden, die für alle gut funktioniert? Weil sie den Forderung A zugrundeliegenden Wunsch erfüllt, ebenso wie das Bedürfnis hinter B? Das gelingt öfter, als ich anfangs gedacht hätte, und vor allem entspannt es manche Streitsituation, wenn man aufhört mit dem ständig lauter werdenden »Nein!« – »Doch!« – »Nein!!« – »Doch!!« – »NEIN!« – »DOCH!« – »NEIN!!!« – »DOCH!!!«

Die Gefahr dabei: Schnell haben die Teenies raus, dass man mit mir fast immer verhandeln kann. Das ist meine Achillesferse, und natürlich versuchen sie, diese Schwachstelle auszunutzen. Die fürs Streiten eingesparte Energie brauche ich dafür, darauf zu achten und es zu vermeiden.

Im übrigen mache ich mit meinem Konzept des Vertrauensvorschusses mal gute und mal schlechte Erfahrungen. Die Grundannahme, wenn es nicht offensichtlich gefährlich oder unangemessen ist (was ohnehin mehr mit meinen Grundwerten zu tun hat als mit echter »Gefahr«), wird es schon gutgehen, bewahrheitet sich mehr als 50, aber geschätzt weniger als 75 Prozent. Das finde ich immer noch besser als die Umkehrvariante, bei der ein Teenie sich Vertrauen in einer bestimmten Sache erst durch entsprechendes Verhalten verdienen muss. Denn wie soll das gehen? Wie soll ich zeigen, dass ich verantwortungsvoll handle, wenn ich es nie darf?

Und wenn es mal nicht klappt, versuche ich im Kopf zu behalten, wie intensiv jedenfalls auf mich immer die elterliche Enttäuschung allein gewirkt hat. Da muss man nicht noch nachtreten. Wenn ich wusste, meine Eltern missbilligten mein Handeln, und sie ließen mich darüber hinaus in Ruhe (in dem Vertrauen, ich würde es beim nächsten Mal besser machen), hatte das den größten Impact. Weit mehr als schimpfen, reden, strafen, die mich immer nur in den Trotz trieben und damit zum Wiederholungstäter machten. Ich versuche davon auszugehen, dass die Kinder – auch als widerborstige Teenies – mich als Vorbild wahrnehmen, ob sie wollen oder nicht. Ein Vorbild poltert und lamentiert nicht, ein Vorbild hat eine andere Meinung, fertig.

Das passt zu der von einigen Erziehungsfachleuten vorgeschlagenen Strategie, die Einhaltung von bestimmten Regeln ausdrücklich zu fordern, aber keinerlei negative Konsequenzen anzudrohen oder folgen zu lassen. »Ich möchte, dass du um elf zu Hause bist, denn sonst mache ich mir große Sorgen.« Und dann kommt das Kind entweder um elf, oder es kommt nicht – aber viele Eltern berichten, dass die Kinder viel häufiger pünktlich kämen als in der Streitphase zuvor. Offenbar kommen sie aber trotzdem weiterhin manchmal nicht um elf.

Interessant finde ich aber vor allem den Aspekt, nicht ewig über den Konflikt zu sprechen und stattdessen die eigene Meinung wirken zu lassen: »Jetzt chill mal, Papa« in Reinkultur.

Dabei ist das eine reine Kopfentscheidung. Fragen Sie meine Frau: Den Mund halten ist gar nicht meine starke Seite!

Die wichtigste Frage in Sachen Vertrauen ist vielleicht: *Warum* vertraue ich meinem Kind in einer bestimmten Sache nicht? Liegt das an meinen Ängsten, meiner Jugend oder an meinen Erfahrungen mit *diesem* Kind? Und je nach dem, was bei diesen Überlegungen herauskommt: Was ist nötig, um das gewünschte Vertrauen entstehen zu lassen? Denn das wünschen sich beide Seiten am meisten.

Ich hasse dich!

Manche Teenies fluchen mehr, manche weniger. Genau wie Eltern.

Manche kleinen Mädchen sitzen ja auch auf der Schaukel auf dem Spielplatz und rufen fröhlich: »Ficken! Arschloch! Wichser!«, als hätten sie Tourette-Syndrom.

Manche hören wieder auf, wenn man sie nicht beachtet, andere machen weiter, werden lauter und gröber.

Es ist sehr unschön und unerfreulich, wenn unsere Kinder uns verfluchen. Noch unschöner und unerfreulicher ist es allerdings, wenn wir daraufhin unsere Kinder verfluchen.

Immer noch wird ja darüber debattiert, ob (manche) Kinder »nichts anderes verstehen als eine Ohrfeige«. Oft begleitet von der Rechtfertigung, man meine es ja gar nicht so, das Kind könne das schon einordnen, und überhaupt: Wie manch andere Eltern mit ihren Kindern *reden,* sei doch viel verletzender.

In einer Leserunde zu einem früheren Buch beklagten sich etliche Eltern: Man müsse sich – bei allem Verständnis – ja auch nicht alles bieten lassen. Und schon gar nicht von den eigenen Kindern. Das sehe ich genauso. Man muss und soll sich nicht alles bieten lassen. Ich plädiere keineswegs für feiges Wegducken. Nur für modernere Erziehungsmethoden als körperliche oder verbale Gewalt.

Kinder haben ein gesetzlich festgeschriebenes Recht auf körperliche Unversehrtheit, insofern hat die Ohrfeigen-Diskussion inzwischen in etwa den Wert der Überlegung, ob es nicht doch irgendwie besser für Edeka wäre, wenn man seine Milch dort klaut, statt zu bezahlen. Nun ist sicher nicht jedes Gesetz automatisch sinnvoll, aber »nicht klauen« und »nicht hauen« erschließen sich recht gut, finde ich.

Was aber auch stimmt: Worte können ebenso verletzen, wenn nicht sogar noch schlimmer. Die meisten aktuellen Eltern werden noch mit »Klapsen« oder ähnlichem groß geworden sein, die Generation unserer Großeltern allemal – aber woran wir uns erinnern, war der böse Blick, das harsche Wort.

Deshalb: Wie skandalös unflätig Ihr Kind Sie auch beschimpfen mag, »Auge um Auge« ist für Idioten, lassen Sie sich nicht auf dieses Niveau herab. Nichts sagen geht immer, notfalls mit zusammengebissenen Zähnen: »Ich muss kurz rausgehen«, und dann kurz rausgehen. Bitte nicht das Kind aufs Zimmer schicken, das signalisiert nur »Dich will ich hier nicht«, und genau das ist ja das Gefühl, dessentwegen das Kind bereits so wütend ist.

Schalten Sie aber auch nicht einfach auf Durchzug. Wer schreit, will gehört werden. Erst danach kann Ruhe einkehren.

»Es tut mir leid, dass du so fühlst.« Möglichst noch nicht mal nachsetzen: »Aber ich möchte nicht, dass du so mit mir redest.« Das weiß ihr Kind selbst, sonst *würde* es ja nicht so mit Ihnen reden!

Diese Ruhe zu bewahren ist unglaublich schwer, und die Teenies sind gut darin, uns immer wieder, immer wieder, immer wieder in den aller-, aller-, allerunpassendsten Momenten zu pieksen, zu provozieren, zur Weißglut zu treiben. Er oder sie tut das, höchstwahrscheinlich, aus Ratlosigkeit. Manchmal aus Ratlosigkeit darüber, wie er oder sie etwas erreichen kann (also Frustration über die eigene Machtlosigkeit). Oft auch aus Ratlosigkeit darüber, was eigentlich gerade blöd ist. Irgendwas fühlt sich doof an ... aber was?

Teenies sind uns in dieser Hinsicht bereits viel ähnlicher, als uns lieb ist. Auch wir Erwachsenen sind oft von der einen Sache genervt und führen dann einen Streit über etwas ganz anderes. Und erkennen das erst zwanzig Jahre und drei Ehen später in einer Therapie. So ist das sehr wahrscheinlich auch bei Ihrem Kind. Alles hört sich wahnsinnig persönlich an, hat aber in Wahrheit mit Ihnen kaum etwas zu tun.

Je weniger inhaltlich Sie reagieren, desto besser. Das Streitthema ist sowieso egal.

Lange habe ich versucht, in solchen Situationen eine sozusagen buddhahafte Freundlichkeit an den Tag zu legen, was aber auch nichts brachte. Irgendwann wurde mir klar warum: Ich wollte nicht freundlich sein, ich habe nur so getan, als wäre ich freundlich. Es war ein Trick, ein Manipulationsversuch. Aber solche Abkürzungen bringen nichts. Das ist, als würde man eine Frau an der Bar abfüllen, um wahre Liebe zu erleben.

Manchmal läuft meine Tochter mit ihrer Videokamera durchs Haus, und meine Sorge ist nicht, dass sie die Aufzeichnungen ihren Freundinnen oder dem Jugendamt zeigt. Schlimmer als bei anderen ist es bei uns zu Hause auch nicht. Meine Sorge ist, dass ich mich nicht lei-

den könnte, wenn ich die Aufnahmen sähe.
Und wenn ich mich nicht leiden kann – wie soll
sie mich dann leiden können?

Der daraus zwangsläufig zu ziehende kategorische Schluss: Benimm dich jederzeit so, dass es als allgemeines Vorbild taugt. Ich weiß nicht, wer das könnte, was an seiner Richtigkeit leider auch nichts ändert. Meine ganz persönliche Latte liegt etwas niedriger: Versuch möglichst oft darauf zu achten, dich so zu benehmen, dass du dich selbst auf Video nicht oberfurchtbar findest.

Das heißt aber ganz eindeutig nicht, alles hinzunehmen. »Nein« sagen muss manchmal sein. Meine Faustregel: Möglichst selten »Nein« sagen. Aber wenn, dann meine ich es auch. Dann ist es mir wichtig, ich weiß, warum es mir wichtig ist, und achte daher auch darauf, dass mein »Nein« gehört und befolgt wird.

Erst gestern hatten wir eine Handvoll Teenager zu Besuch, die natürlich nichts Besseres zu tun hatten, als einen Gartenstuhl neben das fünfzig Zentimeter tiefe XXL-Planschbecken im Garten zu ziehen und hineinzuspringen. Das geht nicht – Verletzungsgefahr wegen zu geringer Wassertiefe. Daher auch auf der Außenhaut des Pools das »Nicht springen«-Logo in XXL, aber wer sieht so was schon?

Ich rief ihnen spontan zu: »Hey, das geht nicht!«, und damit war die Sache erledigt. Darüber war ich selber ganz erstaunt. Vermutlich habe ich geklungen, als ob ich wüsste, was ich sage. Was hätte ich getan, wenn sie nicht »gehorcht« hätten? Ich weiß es ehrlich nicht. Was sie und ich wissen: Es wäre keine Strafe gewesen, niemand hätte Hausarrest bekommen oder wäre nach Hause geschickt worden. Aber zumindest meinen Kindern war auch klar: Wenn ich »Nein« sage, erwarte ich ganz einfach, dass sie sich danach richten. Sie können gern anderer Meinung sein und die auch sagen, und manchmal überzeugen sie mich auch. Aber sie können nicht einfach weitermachen, als hätte ich nichts gesagt. Andererseits achte ich auch darauf, ob ich gehört werde – ich warte ab, ob alles so läuft, wie ich es für richtig halte, oder ich komme nach kurzer Zeit noch einmal und sehe nach. Wenn mir irgendwas nicht wichtig genug für diesen Einsatz ist, halte ich mich raus.

Was guckst du mich so komisch an?

Das ansatzlose, vorwurfsvolle »Ey, was kuckssu so?« ist das Teenie-Äquivalent zum mütterlichen »Macht die Jeans mich dick?« Man steht da einfach so und lässt den Blick stolz über Ländereien und Besitztümer schweifen, oder zumindest über den Flachbild-TV und durch das Wohnzimmer, und das auf dem Sofa lümmelnde Kind fühlt sich angegriffen. Na toll.

Da hilft nur eins, wenn überhaupt: ein strahlendes, überzeugendes »Alles in Ordnung!« (gleichwertig mit dem niemals gelogenen: »Nein, gar nicht!« auf die heimtückische Jeans-Frage.) Davon geht der Missmut in beiden Fällen zwar leider selten weg. Aber mit Glück wird er nicht schlimmer.

Sie können dann einen Kakao machen, eine Cola holen oder das Lieblingsessen in den Ofen schieben – und vor allem: weiträumig ausweichen und abwarten. Manchmal fühlt man sich mies und kann nicht viel dagegen tun. Dann ist Rumzicken eine gute Ablenkung, macht die Sache aber dummerweise meist noch schlimmer.

Zeit jedoch heilt in diesem Fall tatsächlich oft die Wunden des Egos, woher sie auch kommen mögen. Morgen oder übermorgen sitzt die Jeans viel besser, und wenn man vorsichtig auf Zehenspitzen an der Teeniezimmertür vorbeischleicht, schmeißt zur Abwechslung mal keiner von innen eine Dose Steine dagegen.

Ja, es kann jederzeit wieder losgehen. Aber gerade ist Frieden, oder zumindest so etwas wie Waffenstillstand. Genießen Sie's.

Lassen Sie Teenie-Krisen nicht zu Eltern-Krisen werden

So sehr Ihr Teenie Sie auch »hassen« mag – kein Kind wünscht sich die Trennung der Eltern. Aber ein Prunkstück im Waffenarsenal des Pubertisten ist das Ausspielen der Elternteile gegeneinander. Noch vor ein bis zwei Generationen war praktisch Gesetz, dass Eltern »mit einer Stimme« sprechen müssen – und im Zweifelsfall lieber verbieten als erlauben sollten. Das gefiel keinem der Beteiligten. Groß diskutiert wurde das Thema dann zuerst bei Trennungskindern: Beim Vater gelten andere Regeln als bei der Mutter, wir können uns auch nicht einigen, was tun? Rat der Fachleute: nichts tun. Eltern sind unterschiedlich, Kinder sind nicht dumm – die kommen damit klar, dass man bei der Mutter länger fernsehen darf und beim Vater die Hausaufgaben gründlicher überprüft werden (oder umgekehrt).

Nachdem geschiedene Eltern sich diese Freiheit erkämpft hatten, wollten auch zusammenlebende Paare ein Stück vom Kuchen. Warum sollten nicht auch in einem Haushalt unterschiedliche Handschriften erkennbar werden? Schließlich sind die Eltern beide Individuen und wollen ihre Kinder ja auch zu ebensolchen erziehen!

Der Haken dabei ist: Zusammenlebende Eltern regieren im selben Reich (im Gegensatz zu den getrennt lebenden Elternteilen), und natürlich gehen die Kinder – auch schon, bevor sie Teenies werden – immer zu demjenigen, bei dem sie sich jeweils die größten Erfolgschancen ausrechnen. Wer je im Job zwei gleichberechtigte Chefs hatte, kennt das Prinzip.

Es lohnt sich deshalb, was immer Sie als »grundsätzlich« ansehen (Schulaufgaben, TV-Zeiten, Benimmregeln … es ist für jeden von uns und in jeder Familie anders) miteinander grundsätzlich abzustimmen. Das kann anfangs auch in einen zähen Kuhhandel ausarten, zum Beispiel weil ein Elternteil lieber streng auftritt, das andere bevorzugt *laissez-faire*. Tun Sie sich und Ihren Kindern trotzdem den Gefallen, eine allgemeine gemeinsame Gangart zu bestimmen, es spart allen Beteiligten Kummer und Streit.

Wenn wir uns nicht einigen können, experimentieren wir immer öfter, statt immer länger zu diskutieren. Eine Woche lang gilt meine Regel, die nächste Woche gilt die Regel meiner Frau – und der andere muss gutwillig mitmachen. Dabei ergibt sich dann meist schon von ganz allein die weitere Vorgehensweise. Positiv daran ist auch, dass man einige Tage die Welt »mit den Augen des Anderen« sehen muss. Denn mein Job besteht eben darin, ein paar Tage lang die Regel meiner Frau durchzusetzen.

Ein beliebtes Thema nicht nur bei uns ist Aufräumen und Ordnung halten. Muss es immer so aussehen, als könnte gleich Besuch kommen – oder darf man auch mal was herumliegen lassen? Der Plan war also, dass wir eine Woche lang unsere Kids ständig ermahnen, Ordnung zu halten, ihre Jacken nicht auf den Boden zu schmeißen, nasse Handtücher nicht mit ins Bett zu nehmen, und so weiter. In der zweiten Woche sollten dann die Selbstregulierungskräfte zur Geltung kommen. Denn angeblich wollen ja auch Kinder schön wohnen und ihren Beitrag leisten.

Gescheitert sind wir natürlich gleich in Woche eins, weil keiner 28 Stunden am Tag Wache schieben kann, wer wieder wo was hat liegen lassen. Aber bei der Gelegenheit haben wir herausbekommen, dass es Zonen gibt, in denen einem von uns die Aufgeräumtheit wichtig ist – und Bereiche, wo es kaum jemanden stört. Unser Bad zum Beispiel ist notorisch unordentlich. Aber alle finden, was sie brauchen. Sei's drum. Dass hingegen alle ihren Kram auf den Esstisch schmeißen (und liegen lassen), haben wir jetzt schon deutlich besser im Griff.

Falls Sie bei einem Wohn- oder Designmagazin arbeiten, kündigen Sie Ihren Besuch bei uns jedoch bitte langfristig an.

Unerfreulich geschickt sind Teenies übrigens auch in einer weiteren Disziplin, und ihr Können nimmt mit jedem Lebensjahr zu, als bekämen Sie das Talent ungefragt zum Geburtstag injiziert. Sie spüren jede kleine Unsicherheit und schaffen es beeindruckend gewitzt, einen Keil zwischen die Eltern zu treiben

– ein Hundeblick hier, ein empörtes Schnaufen da, schon haben Mama wie Papa ein schlechtes Gewissen, beginnen untereinander zu diskutieren, und geben schließlich erschöpft nach.

Es ist eine Variante des Müde-streitens, worin Teenies ohnehin Weltklasse sind – so lange stur weiterbohren, bis man entnervt das Handtuch wirft, um seine Ruhe zu haben. Nur lagern sie in diesem Fall den unerfreulichen Teil, nämlich das aufreibende Argumentieren und endlose Herumzicken, erfolgreich auf uns Eltern aus.

Daran können auf die Dauer Ehen zerbröseln. Faustregel der Experten: Wer den Konflikt angefangen hat, bringt ihn auch zu Ende – lassen Sie sich, auch wenn Sie danebensitzen, möglichst nicht in die Sache hineinziehen. (Hahaha, oder?)

Kampf an allen Fronten

Eine weitere Abart dieser oft lange unbemerkten Beziehungszerstörung betreiben viele Eltern ganz allein. Wer Teenies hat, hat Probleme und muss Entscheidungen treffen. Das Komische daran: Selbst beim dritten oder vierten Teenie in Folge gehen einem die Probleme und zu treffenden Entscheidungen nicht aus. Also reden wir darüber mit dem Menschen, den wir lieben, und der/die an der Entscheidung beteiligt ist. Wir versuchen, die optimale Lösung für unser Kind zu ermitteln. Wir informieren uns, überlegen, diskutieren, betrachten die Sache noch einmal aus einer ganz neuen Perspektive. Weil a) uns das Kind so wichtig ist und b) das Kind aber auch wirklich allesallesalles so wichtig nimmt, gerät man schnell in den Sog, ebenfalls jede kleine Befindlichkeit für entscheidend zu halten. Wir alle wollen die perfekten Eltern sein, wir wollen nicht aus Unüberlegtheit die falschen Vorgaben machen.

Aber häufig fallen Midlife-Crisis, berufliche Umbrüche und die Teeniejahre der Kinder zusammen. Man kämpft an allen Fronten, man kämpft und kämpft. Und verliert dabei sich, einander und die Teenies aus den Augen. Ja, viele Eltern trennen sich heute »schneller« als früher, schon in den Kindergarten- oder Grundschuljahren ihrer Kinder. Aber wer diese Zeit überstanden hat, ist – im Gegensatz zu den Kindern – nicht aus dem Gröbsten raus, sondern dem steht das Gröbste noch bevor. Den Teenies gerecht zu werden, sich selbst und dem Partner gerecht zu werden, sich auf den Abschied vom Kind einzustellen, mit der Erkenntnis klarzukommen, dass im Leben jetzt eben nicht mehr »alles geht«, sondern man vielleicht nur noch versuchen kann, es einigermaßen würdevoll bis zur Rente zu schaffen, und sich dabei dafür fitzumachen, dass man in ein paar Jahren nur noch zu zweit ist und der Partner nicht mehr nur aus Gewohnheit bleibt, sondern man für den/die andere(n) wieder interessant sein muss … das ist hart.

Diese Situation wünscht sich niemand herbei, viele ignorieren sie möglichst lange, und sie anzuerkennen ist schwierig. Wenn Sie einander darin beistehen können, statt bis zur Einschlafgrenze über Schulnoten, Ausgehregeln und Sexsorgen zu sprechen – dann sind Sie super!

Ich bin überzeugt, Teenies wissen überhaupt nicht, wie ausgiebig wir uns mit ihnen beschäftigen, wie viel wir über sie nachdenken. Und das ist auch okay. Es ist an uns Erwachsenen, das zu realisieren und ab und zu auch mal etwas anderes zu tun, als um das Leben unserer Teenies zu kreisen. In Managementkursen kann man lernen, zwischen »wichtig« und »dringend« zu unterscheiden – nur wenige »dringende« Angelegenheiten sind auch »wichtig«. Für Teenies ist alles »wichtig« und »dringend« zugleich, sie reden zeitweise nur noch in **FETTGEDRUCKTEN GROSSBUCHSTABEN**.

99 Prozent der Dinge, die Ihnen als Teenager *super*dringend und *überlebens*wichtig erschienen, haben Sie mittlerweile vergessen. Und die paar Sachen, an die Sie sich aus Ihrer Jugend erinnern, ergaben sich vermutlich eher zufällig und nur selten aus sorgenvollen Überlegungen. Das heißt nicht, dass wir auf Durchzug schalten und die Nöte der Teenies nicht ernst nehmen sollen. Es heißt, dass unsere Aufgabe darin besteht, Halt zu bieten und Ruhe auszustrahlen, nicht darin, auf alles sofort eine Antwort zu wissen und jeden Wunsch, wenn möglich, wahr werden zu lassen. Es heißt zum Beispiel: Wenn Sie dieses Buch ausgelesen haben, dann denken Sie an sich und Ihre Beziehung, nicht

noch weiter an Ihren Sohn oder Ihre Tochter. Das haben Sie für heute schon genug getan.

Eltern haben nicht nur ein Recht auf ein eigenes Leben, sie haben sogar eine Pflicht dazu, finde ich. Denn Eltern, die gut zueinander sind und gut miteinander umgehen, sind auch gute Eltern. Lassen Sie sich davon nicht ablenken durch den Trubel des Alltags.

Dürfen Eltern glücklich sein?

Tatsächlich ergab eine Studie in den USA, dass Kinder nicht etwa »mehr Zeit« mit ihren Eltern verbringen wollen (wie die Eltern vermutet hatten). Sondern dass sie sich wünschen, ihre Eltern wären »weniger müde und weniger gestresst«. Ich gehe daher seit neuestem ganz ohne jedes schlechte Gewissen vor unseren Kindern ins Bett.

Andere Untersuchungen zeigten, dass Kinderhaben und Elternsein seit einigen Jahrzehnten zunehmend mit Angst, Panik und Stress verbunden wird. Tatsächlich erleben viele Eltern das Zusammensein mit ihren Kindern als ebenso (un)angenehm wie die Kommunikation mit völlig Fremden – lieber haben sie mit Freunden, Eltern, Ehepartnern, Verwandten oder Kollegen zu tun. Die Interaktion mit den eigenen Kids ist nicht so ein Bringer. Wie kommt das? Worüber machen wir uns solche Sorgen?

Bis in das letzte Jahrhundert hinein schickte man Kinder arbeiten, sobald es ging. Sie brachten Geld nach Hause, dafür bekamen sie Kost und Logis. Ich bin froh, dass es nicht mehr so ist, aber die neuen Regeln sind noch nicht klar. Müssen, sollen, dürfen Kinder glücklich sein? Müssen, sollen, dürfen Eltern glücklich sein? Geht vielleicht sogar beides zugleich? Und woran erkennt man überhaupt dieses »Glück«, von dem alle reden?

Mein Gefühl ist, die meisten von uns hängen die Latte zu hoch. Ähnlich geht es mir auch bei den neuesten Ernährungstrends (und meine Frau wird ganz anderer Meinung sein, was dieses Beispiel angeht) – mal soll man dies essen, mal soll man das essen, um gesund zu bleiben und lange zu leben. Ich halte es eher mit US-Autor Michael Pollan: »Essen Sie nichts, was

Ihre Großmutter nicht als Essen erkannt hätte. Meiden Sie Nahrungsmittel, für die im Fernsehen geworben wird. Essen Sie Tiere, die selbst gut gegessen haben. Meiden Sie Nahrungsprodukte mit Zutaten, die ein Drittklässler nicht aussprechen kann. Essen Sie möglichst nicht allein.« (Er gibt noch mehr solche Tipps in Büchern wie *Essen Sie nichts, was Ihre Großmutter nicht als Essen erkannt hätte* und *64 Grundregeln ESSEN*.)

Ich bin für den (hoffentlich) gesunden Mix, mal Fleisch, mal vegetarisch, mal roh, mal überbacken. Und ähnlich stelle ich mir auch Kindererziehung vor: mal roh, mal überbacken.

Zum Beispiel komme ich manchmal unerwartet früh nach Hause, wenn mir das Texten gerade besonders gut von der Hand ging und ich schnell fertig war. Oder wenn es besonders schlecht läuft. Ich könnte dann meine Zeit produktiv füllen und mich weiterbilden oder etwas anschrauben, und manchmal mache ich das auch. Oder ich könnte die Zeit der Kids produktiv füllen und ihnen die Handys wegnehmen und mit ihnen Französisch üben, und manchmal mache ich das auch. Neulich aber haben wir einfach nur im Garten Frisbee gespielt. Und ein anderes Mal haben wir vier Folgen ihrer Lieblings-Sitcom geguckt. Das sind für mich oft die schönsten Momente. Und sie entstehen immer nur durch aufmerksam wahrgenommenen Zufall.

Zwei Dinge wurden mir in dieser Hinsicht bei früheren Veröffentlichungen von manchen Eltern vorgeworfen:

► Sie wollen ja nur die Eltern erziehen, nicht die Kinder!

► Sie sind gegen alles, das ist unsympathisch!

Unsympathisch will ich natürlich nicht sein, und Kinder erziehen will ich auch. An welcher Stelle also habe ich undeutlich kommuniziert? Ja, meine Bücher wenden sich an Eltern, nicht an Teenies. Insofern erscheint es mir logisch und sinnvoll, aus meiner Sicht darzulegen, was wir Eltern dazu beitragen können, die Teenagerzeit besser zu überstehen. Wer darüber nicht nachdenken möchte, sondern lieber versuchen will, weiter unangefochten König zu bleiben, findet anderswo reichlich Material, um sich bestätigt zu fühlen. Ich halte es mit der US-Psychologin Dr. Shefali Tsabary, die sagt: »Nur wenige Beziehungen können in uns die blinde Gier nach Kontrolle so leicht wecken wie die zu unseren Kindern. Darin zeigt sich jedoch nur unsere eigene Unreife. Insofern sind gerade die schwierigen Situationen eine großartige Gelegenheit, als Mensch und Elternteil zu wachsen.« Ich bin auch gar nicht gegen alles. Ich bin für ganz viel. Und ich hoffe, dass die Anregungen und Vorschläge in diesem Buch verständlich und anwendbar sind und Ihnen wenigstens einen Versuch wert scheinen. Wogegen ich tatsächlich bin, ist, der guten alten Zeit hinterher zu jammern, in der wir angeblich brave Teenies oder in der unsere Kinder noch brave Zwerge waren. Egal, wie viel davon stimmt oder nicht – diese Larmoyanz hilft nicht, die Lage zu entspannen. Sondern erhöht nur den Frust. Und dagegen bin ich dann schon.

Was Eltern sagen – und was sie damit wirklich meinen

Auch wir sagen oft gar nicht, was wir meinen. Was den Dialog zusätzlich erschwert. Eine kleine Hilfestellung, um sich selbst besser zu verstehen:

Gesagt.	Gedacht.
Vielleicht.	Eher nicht.
Mal sehen.	Auf keinen Fall!
Das passt toll zusammen	Horror! Bist du denn farbenblind?
Sagt wer?	Was für ein Unsinn!
Eines Tages wirst du mir dafür dankbar sein/ das verstehen.	Ich hoffe, du vergisst die ganze Angelegenheit bald wieder.

Ich muss mal kurz aufs Klo.	Ich brauche dringend ein Glas Wein!
Ich brauche dringend ein Glas Wein!	Ich brauche dringend einen Schnaps!
Was denkst du denn selber darüber?	Was für eine bescheuerte Idee!
Aha …	Keine Ahnung, was du da redest …
Das ist ja prima!	Immer noch keine Ahnung, aber du klingst so begeistert!
Wirklich?	Spinnst du?
Frag deinen Vater/deine Mutter.	Und wehe, der verbietet es dir nicht auch! Dann kann er/sie auf der Couch/bei ihrer Mutter schlafen!
Ich hab dich lieb!	Ich liebe dich! Trotz allem und für immer!

Die 5 häufigsten Teenie-Typen

(und warum jeder Jugendliche eigentlich in alle Gruppen gehört)

Der Slacker

Slacker nannte man ursprünglich junge Leute in den USA, die versuchten, nicht zur Armee eingezogen zu werden. Sie waren häufig nicht bloß gegen den Einsatz von Waffengewalt zur Konfliktlösung, sondern begeisterten sich, sagen wir mal: für alternative Lebensstile. Ein paar Jahre zuvor hätte man sie als Hippies bezeichnet.

Da die Bedeutung der Wehrdienstverweigerung mittlerweile abgenommen hat, auch weil genug junge Leute sich freiwillig melden, verschob sich die Bedeutung des Begriffes immer weiter in Richtung »Nichtsnutz«, wozu auch Richard Linklaters Film *Slacker* (deutscher Titel: *Rumtreiber*) beitrug.

Slacker sind gut darin, alles auf morgen zu vertagen, ungeliebte Tätigkeiten gleich ganz zu lassen, und entspannt in den Tag hinein zu leben. Das klingt, als müssten sie glücklich sein (wenn auch vielleicht nicht sonderlich erfolgreich), aber tatsächlich sind die meisten Slacker eher frustriert. Sie haben kein Ziel, finden keinen Sinn, sehen ihr eigenes Leben oft als nutzlos oder überflüssig. Die Grenze zwischen lässigem Slacker und leicht Depressivem ist fließend.

Großes Engagement zeigen Slacker nur, wenn es um Musik geht. Mit Freunden abhängen und stundenlang Musikhören ist ihre liebste Freizeitbeschäftigung, möglichst viele Konzerte sind ein Muss. Dann wird den Eltern auch gern mal die Intention im Munde herumgedreht: Du sagst doch immer, ich soll endlich mal irgendwas unternehmen – jetzt will ich zum Auftritt einer unbekannten Indie-Band nach Stockholm, und du sagst wieder Nein!

Meine große Tochter meinte übrigens neulich: »Ich brauche eigentlich nur Ferien und Musik zum Leben.« Hm…

Die meisten Slacker finden sich in Oberstufe und Studium – allerdings darf man sie nicht mit frustrierten »Null Bock«-Teenies verwechseln. Slacker können durchaus Ehrgeiz entwickeln und Talent zeigen, nur eben bloß nicht in einem anerkannt nützlichen Bereich. Oft sind sie begnadete Skateboarder, Computerspieler oder Gitarristen. Ihr Hauptinteresse besteht allerdings eher darin, eine ganze Serienstaffel an einem Tag zu gucken oder so lange zu schlafen, dass sie beim Aufwachen nicht einmal mehr ahnen können, ob es Morgen oder Abend ist. Solange ein Slacker unter 25 ist und wenigstens ab und zu intensives Interesse an irgendwas zeigt, müssen Eltern sich keine Sorgen machen.

Der Streber

Aus Elternsicht ist es praktisch, ein Streber-Kind zu haben. Es belegt freiwillig die schwierigsten Fächer plus Zusatzkurse, nimmt Musikunterricht, trainiert für Sportwettkämpfe und hat weder Zeit für zwielichtige Freunde noch für blödsinnige Fernsehserien.

Nur die wenigsten Streber sind jedoch glücklich in ihrer Rolle, oft haben sie aus der

Not eine Tugend gemacht: Weil sie sozial unbegabt sind, haben sie keine Freunde gefunden, und um (wortwörtlich) nicht dumm dazustehen, stecken sie all ihre Energie in das Lernen.

Irgendwann wollen Menschen aber auch leben, und wer die Erfahrungen der Teeniejahre auslässt, muss sie vielleicht später nachholen. Diese superehrgeizigen Kinder verlassen die Schule manchmal ohne einen einzigen Freund, bei dem sie noch dreißig Jahre später nachts um zwei anrufen können, und ohne jemals Liebeskummer erlebt zu haben.

Damit will ich natürlich nicht sagen, es wäre schlecht, wenn ein Teenie gut in der Schule ist. Im Gegenteil. Das ist toll, freuen Sie sich darüber, genießen Sie es und seien Sie stolz darauf. Wenn Sie aber die Möglichkeit haben, am Rande des prallvollen Terminkalenders besonders menschliche Aktivitäten anzubieten, tun Sie das. Nehmen Sie Ihr Kind mit, wann immer und wohin auch immer es geht, Streber können sich überall gut benehmen. Second-Hand-Sozialkontakte sind bessere Erfahrungen als gar keine.

Der Nerd

Eltern verwechseln oft Streber und Nerds. Dabei war es lange Zeit ganz einfach, sie zu unterscheiden: Nerds trugen Nerd-Brillen (das sind diese kastigen Plastikgestelle, die man prima mit Klebeband flicken kann). Inzwischen sind die Brillen aber »in« (außer bei Strebern), so dass sie als Erkennungsmerkmal nur noch bedingt taugen.

»Nerds« sind – im Gegensatz zu Strebern – nicht ehrgeizig, und schon gar nicht breitflächig. Ihr Talent besteht darin, sich möglichst tief in ein Fachgebiet zu bohren, selbst wenn es dafür nicht den geringsten Grund gibt. Leute, die bei »Wetten, dass …?!« Mathe- oder Gedächtniskunststücke aufführen, sind Nerds, ebenso wie viele Programmierer und Forscher. Ein Problem um seiner selbst willen so lange zu drehen und wenden, bis man eine Lösung hat, ist »nerdig«.

Wenn Sie zurückdenken, dann hatten Sie bestimmt einen Mitschüler in der Klasse, der den Zauberwürfel mühelos lösen und dabei noch die aktuellen Top 100 aufsagen konnte.

Das war der Nerd (bloß hieß er damals noch nicht so).

Ursprünglich war der Begriff abwertend gemeint, vor allem weil Nerds meist jede Sozialkompetenz fehlt. Seit jeder Nerd ein potentieller Internetmillionär ist, hat sich diese Sichtweise verändert, Nerd-sein ist inzwischen durchaus cool.

Im Gegensatz zum Streber, der streng zu sich selbst ist und sich antreibt, folgt der Nerd seiner eigenen Stimme und seinen Interessen, ist also intrinsisch motiviert und oft glücklich, auch wenn die Umwelt nicht verstehen kann, warum. Viele Nerds haben einen hohen IQ, aber kein Interesse daran, diesen außerhalb ihres Spezialgebietes zum Einsatz zu bringen. Nerds und Slacker ähneln sich in ihrer Begeisterung für Computer und Computerspiele und passives Entertainment (Musik, TV). Nerds produzieren aber dann und wann irgendwas, auch wenn Eltern vielleicht nichts damit anfangen können; Slacker gehen höchstens Mal mit dem Hund um den Block, um dabei heimlich zu kiffen.

Das Model

Die meisten Models sind Mädchen, haben zu viele Castingshows geguckt, zu ihren Hobbies zählen »Shoppen und T-Shirts«, und entweder sind sie schon magersüchtig, oder sie wären es gern. In fast jeder Klasse gibt es auch ein oder zwei männliche Models – das sind Typen, die aufgrund guter Gene so betörend aussehen, dass keiner merkt, wie blöd sie sind. Aber Jungs muss das Dasein als Augenschmaus schon in den Schoß fallen, Mädchen streben eher danach.

Liegt das nun daran, dass Barbie jedes Jahr dünner und vollbusiger wird – oder wird Barbie jedes Jahr dünner und vollbusiger, weil die Mädchen (und die spielzeugkaufenden Mütter) darauf stehen? Keiner weiß es, aber wenn Sie noch ein Thema für Ihre Doktorarbeit suchen, viel Spaß.

Für Models zählt nur, wer gerade mit wem, wer nicht mehr mit wem, was die angesagten Stars gerade machen, und von welcher Marke die Klamotten sind, die sie dabei anhaben. Haut, Haare, Make-up, Nagellack und Glitzer, das ist ihre Welt. Viele dieser Möchtegern-Paris-Hiltons sind nicht dumm, aber sie haben natürlich schon lange raus, dass Schmollmund und Hüfte raus mehr bringen und weniger Arbeit machen als ein ausgefeilter Diskussionsbeitrag.

Ja, sie werden damit auf die Nase fallen. Ja, Schönheit ist vergänglich. Aber bis zu dieser Erkenntnis dauert es noch mindestens zehn, vermutlich eher zwanzig Jahre.

In den Krisen, welche die Teeniezeit fast zwangsläufig mit sich bringt (»Er hat mich verlassen«, »Sie hat dasselbe Top wie ich an«) sind auch Models gezwungen, sich mit ihren Gefühlen auseinanderzusetzen, und oft helfen ihnen ihre ebenso hohl und oberflächlich erscheinenden Freundinnen viel besser, als man vorher ahnt. Das Leben ist, gottseidank, kein Hollywoodfilm, in dem nur das hässliche Entlein einen guten Charakter hat, die hübsche Blondine aber bloß ein kaltes Herz.

Wichtiger als bei anderen Kindern ist es, die Ernährung im Auge zu behalten. Bei Mädchen besteht die Gefahr der Magersucht, bei Jungen geht die Tendenz eher zur Einnahme von Steroiden und anderen »Nahrungsergänzungsmitteln«. Das ist ein komplexes Fachthema – wenn Sie also das Gefühl haben, Ihr Kind nähert sich diesen Extremen, holen Sie sich möglichst rechtzeitig Infos und Tipps vom Kinder- und Jugendarzt, der Ihnen gegebenenfalls auch weitere Anlaufstellen nennen kann.

Wir haben im Freundeskreis ein Paar, deren Sohn mit 15 auf einer Party angesprochen wurde, ob er nicht Model werden wolle. Er hing in der Schule sowieso durch, also trafen die Eltern die mutige Entscheidung: Okay, kann er machen. Inzwischen war er zwei Mal (alleine) mehrere Wochen für Fotoshootings in Japan, lief auf etlichen Couture-Modeschauen – und ist nun wieder in die Schule eingestiegen, freiwillig und motiviert. Zugegeben, Einzelfall. Aber es zeigt, was passieren kann, wenn das Vertrauen groß ist.

Der Normalo

Die allermeisten Teenies fallen in keine der oben genannten Kategorien, und doch in alle zugleich. Der Standard ist: heute Slacker, mor-

gen Nerd, zwischendurch auch mal ganz über-
raschend Streber (aber nicht lange genug, um
wirklich Boden zu gewinnen), und dann ein
paar Stunden im Bad, tausend rotgedrückte
Pickel, ein leergemalter Abdeckstift und straff
zurückgegelte Locken.

Pubertierende Kinder wechseln die Persönlichkeit schneller als ein Chamäleon die
Farben. Es ist, als wollte man beim Zappen
am Samstagabend versuchen, vier Spielfilmen
gleichzeitig zu folgen. Kopfschmerz garantiert.

Der Normalo ist zugleich die beste Tarnung.
Man ist nicht richtig schlecht (dann gälte man
unter den Mitschülern als dumm) aber auch
nicht richtig gut (dann gälte man als Streber,
was uncool ist). Man tut so lässig man kann
(cool), erklärt aber auch irgendein obskures
Thema zum Fachgebiet (Nerd: cool). Und sieht
dabei so gut wie möglich aus. Gerade dieser
Wunsch, der uns Erwachsenen, die mit den
Augen der Jugend betrachtet schon längst nicht
mehr gut aussehen, so unverständlich scheint,
basiert dabei vielleicht noch am meisten auf
dem, was wir unseren Kindern beibringen. Ja,
wir wollen, dass sie eigenständige Menschen

werden und ihr Selbst entwickeln. Mehr als das aber wollen die meisten von uns, dass sie »vermittelbar« sind. Auf dem Jobmarkt. Auf dem Beziehungsmarkt. Wir wünschen ihnen nicht, dass sie allein und arbeitslos enden. Sondern eine glückliche Partnerschaft und einen erfüllenden, gut bezahlten Beruf. Im besten Fall sind sie jederzeit in der Lage, den perfekten ersten Eindruck zu machen.

Und wie geht das am leichtesten? Eben: möglichst gut aussehen, möglichst lässig wirken, und in irgendwas Überraschendem richtig gut sein.

Tja. Selbst schuld.

Die 5 häufigsten Elterntypen

(und warum jedes Elternteil eigentlich in keine dieser Gruppen gehört)

Der beste Freund/Die beste Freundin

Vaters Boxershorts hängt halb aus der Jeans, die Sneakers sind zerfetzt und natürlich nicht zugeschnürt. Mutters Rock ist kürzer als die Oberschenkel erlauben. Und zum morgendlichen Abschied gibt's keinen Kuss, sondern einen lässigen Knuff gegen den Oberarm.

Eltern fühlen sich heute jünger denn je, die Bekleidungsvorschriften in allen Branchen außer Totengräber haben sich gelockert – was soll so schlimm daran sein, wenn Eltern cool drauf sind und Verständnis für ihre Kinder haben?

Erstens: In 99,9 Prozent aller Fälle ist die Tatsache, dass wir etwas tun oder tragen, was unsere Teenies auch tun oder tragen, ein sicherer Indikator für Oberpeinlichkeit. Kleine Jungs, die mit Schuhcremeschnauzer und Aktentasche die Auffahrt auf dem Weg zur »Arbeit« hinunterstapfen, sind niedlich, Väter auf Longboards nicht. Kleine Mädchen, die am Spielherd stehen und Pfannkuchen bügeln, sind niedlich, Mütter in zu engen Rip-Jeans nicht. So sehr wir das Altern auch hassen mögen – so zu tun, als wären wir unsere eigenen Kinder, macht uns nicht jünger.

Zweitens: Wie sollen die Teenies denn einen eigenen Stil finden, wenn wir ihnen alles nachmachen, und oft noch mit weit mehr Entschlossenheit und Geldeinsatz? Woran sollen sie sich reiben, was sollen sie blöd und vorgestrig finden? Unser Job besteht nicht darin, der »beste Kumpel« unserer Kinder zu sein und alles mitzumachen, dafür haben sie ihren besten Kumpel. Unser Job ist: Vorbild. Nicht Nachahmer.

Die Helikoptereltern

Helikoptereltern schweben (wie der namensgebende Hubschrauber) ständig über ihren Kindern. Sie mischen sich in alles ein, wissen alles besser, wollen immer mitreden und nehmen ihrem Kind ab, was immer möglich ist. Jeder weiß, dass das für die Lernerfolge kleiner Kinder ungünstig ist, aber der Negativ-Effekt ist kaum sichtbar, denn selber essen und laufen lernen die Kinder trotzdem, auch wenn jemand sie ständig auffängt und ihnen selbst in der Grundschulzeit noch ein Löffelchen für Tante Uschi reinzwiebelt.

Problematischer gestalten sich dann schon die Gespräche mit der Klassenlehrerin, wenn das Kind für das von der Sekretärin am Wochenende erstellte Referat nur eine Zwei gekriegt hat. Spätestens wenn ein Kind ausgezogen ist, aber weder allein Wasser kochen noch Wäsche waschen kann (ganz zu schweigen davon selbst Geld zu verdienen für die deshalb nötigen Restaurant- und Reinigungsbesuche), wird es schwierig. Aber selbst in dieser Phase halten sich Eltern dieses Typs für hilfreich bis ehrgeizig, nicht für Störenfriede der Entwicklung.

Die Tigermutter und der General

Das Gegenteil der überfürsorglichen Helilopterelltern, die stets um ihre Teenies herumschwirren, um ihnen irgendetwas abzunehmen, sind »Tigermütter« und »Generäle«.

Battle Hymn Of The Tiger Mom (wörtlich: Kampfruf der Tigermutter, deutscher Titel: *Die Mutter des Erfolges. Wie ich meinen Kindern das Siegen beibrachte*) heißt ein in den USA viel diskutiertes und umstrittenes Buch von Amy Chua, in dem die chinesischstämmige Autorin die sehr strenge, leistungsorientierte Erziehung ihrer Kinder verteidigt.

Väterliche Strenge hat oft etwas Soldatenhaftes, deshalb sind sie keine »Tigerväter« sondern »Generäle«. Auch sie erwarten, dass ihr Wort nicht nur im Job, sondern erst recht daheim Gesetz ist und befolgt wird. Schließlich wissen sie Bescheid und wo es langgeht. Das ist auf Elternabenden immer eine ganz erfreuliche Abwechslung von der gefühligen Unsicherheit mancher Männer, die längst aufgegeben haben, Frau und Nachwuchs Widerstand zu leisten, und sich ängstlich durch vermintes Gebiet tasten. Aber so sehr Teenies sich nach den berühmten Grenzen sehnen mögen, und so hilfreich es im Einzelfall ist, ein talentiertes Kind früh und intensiv zu fördern – dummerweise können Eltern sich leicht in dieser »Wir hier oben, du da unten«-Welt bequem einrichten.

Helikoptereltern wie Tigermütter/Generäle meinen es gut, und gegen hohe Ansprüche an das eigene Kind ist ja auch nichts zu sagen. Es sei denn, man projiziert nur seine eigenen Wünsche auf den Teenie, statt auf diesen zu achten. Aber die einen fordern tendenziell manchmal ein wenig zu viel, die anderen wischen dem Kind tendenziell ein paar Jahre zu lange noch den Po ab. Beides nicht gut für die Entwicklung.

Die Antiautoritären

Du, das macht mich ein Stück weit auch wirklich richtig betroffen. Also, wirklich. Dass ich jetzt da so einfach in dem Buch steh. Also, so hatten wir das nicht vereinbart.

In der Theorie finde ich antiautoritär sein toll. Man macht sich einfach keinen Stress und lässt den Dingen ihren Lauf. Wie angenehm.

Ach, wie? Das ist gar nicht die Theorie? Wie schade!

Die Theorie der antiautoritären Erziehung beinhaltet sehr wohl eine Erziehung (und somit auch eine Hierarchie und einen oder mehrere, die vorgeben, wo es lang geht). Nur sind die *Mittel* eben nicht mehr autoritäre Befehle, sondern ... tja, äh, und genau da wird es schwierig. Was füllt in der antiautoritären Theorie das Vakuum der nun fehlenden »autoritären« Ansage? Darüber herrscht Unklarheit.

Die Theorie ist längst vom Tisch, geblieben sind uns die Erkenntnisse:

▶ Unsere Kinder bloß harsch rumzukommandieren, verletzt sie, und zwar fürs ganze Leben.

► Erziehung mit den Kindern gemeinsam zu gestalten, statt sie ihnen zum Fraß vorzusetzen, bereichert die ganze Familie und verbessert den Erziehungserfolg.

► Mit Autorität erzieht man zu Kanonenfutter (und genau das war ja auch das Ziel in der preußischen Kaiserzeit, in der Weimarer Republik und im Deutschen Reich); mit Offenheit erzieht man zu Freidenkern, Erfindern, glücklichen Menschen.

Gerade weil die Autorität und das Beschämen bei uns Deutschen noch tief verwurzelt sind, schießen wir in der verzweifelt gut gemeinten Gegenbewegung leicht über das Ziel hinaus.

Oft, so meine Erfahrung, schlüpfen speziell Eltern, die keine große Lust haben, über Erziehung nachzudenken, oder die einfach mit sich und ihrem eigenen Leben gut ausgelastet sind, unter das »antiautoritäre« Mäntelchen. Ihr lapidares Motto: Groß werden sie alle.

Meiner Ansicht nach gibt es einen entscheidenden Unterschied zwischen »nicht kümmern« und »nicht eingreifen«. »Nicht eingreifen« ist, glaube ich, oft sehr gut. »Nicht kümmern«, sich nicht interessieren, ist verletzend. Und so war antiautoritäre Erziehung nicht gemeint. Kinder blindlings kloppen lassen, bis einer blutet – schlecht. Kinder ihre Konflikte selbst schlichten lassen, und dabei möglichst wenig vorzugeben – gut.

Die Liberalen

Liberale Eltern wählen oft auch liberal und glauben an die höchstmögliche Freiheit des Einzelnen, an möglichst wenige Regeln und Vorschriften. Eine interessante These, denn die Kindheit ist ja kein »Produkt«, der Klassenverband oder Freundeskreis kein »Markt«, der sich »selbst regulieren« kann.

Liberale Eltern sind häufig vor allem deswegen liberal, weil sie wirklich keine Zeit haben, sich dauernd um alles zu kümmern. Das – im Zusammenspiel mit einem großen Haus, einem vollen Kühlschrank, einem Pool und einer Playstation – macht ihre Kinder zu den tollsten Freunden, die man haben kann.

Die meisten liberalen Eltern sind beruflich erfolgreich – Ärzte, Anwälte, Unternehmensberater – und sehr gut gebildet. Sie geben ihren Ehrgeiz, ihre Erwartung und ihr umfassendes Grundwissen fast automatisch an ihre Kinder weiter.

Daran ist nichts falsch, oft sind die Kinder damit auch sehr happy. Und warum nicht, bessere Startchancen ins Leben kann man kaum kriegen. Ich sehe zwei Gefahren:

▶ Die »Freunde« kommen, weil das Haus so geil und die Eltern nie da sind. Und man denkt, es wären echte Freunde, auf die man sich verlassen kann. Besonders schwierig ist diese Situation für Kinder, die nicht unbedingt dem Weg der Eltern folgen und die Kanzlei oder Praxis übernehmen wollen – ihnen fehlt bei so viel Freiheit manchmal der Halt oder eine alternative Orientierungsmöglichkeit.

▶ Der Teenie ruht sich auf den Lorbeeren der Eltern aus, statt irgendwann dann doch mal selbst Tritt zu fassen.

Beides nicht häufig, kommt aber vor.

Eine derart liberale Erziehung *ohne* das entsprechende elterliche Standing (= Erfolg als Vorbildfunktion und Latte, die das Kind letztendlich doch nicht reißen will) führt vermutlich direkt zum intravenösen Konsum von RTL2 und ist nicht zu empfehlen.

Im Gegensatz zu den Teenies, die es irgendwie schaffen, alle Klischee-Eigenschaften ständig changierend auf sich zu vereinigen, sind die meisten Eltern viel langweiliger und durchschnittlicher als sie glauben, und gehören somit zu keiner der genannten Gruppen.

Eltern geben sich viel Mühe, scheitern, stehen wieder auf, machen weiter. Je länger ich dabei bin und je mehr ich darüber nachdenke, desto überzeugter bin ich: Wir sehen das alles viel zu ernst. Wir kümmern uns zu viel – und vor allem kümmern wir uns oft um die falschen Sachen.

Wir müssen uns bemühen, die Seele unserer Kinder stark zu machen. Sie zu lieben wie am ersten Tag. Aber nicht zu kitschig, weil peinlich, sondern ganz lässig und *gechillt*.

Viel Glück!

Buchempfehlungen

Zum Weiterlesen aus meiner Sicht besonders hilfreiche Bücher:

Brené Brown: Verletzlichkeit macht stark: Wie wir unsere Schutzmechanismen aufgeben und innerlich reich werden. München, 2013.

Jesper Juul: Was Familien trägt. Werte in Erziehung und Partnerschaft. Ein Orientierungsbuch. Langensalza, 2009.

Myla & Jon Kabat-Zinn: Mit Kindern wachsen. Die Praxis der Achtsamkeit in der Familie. Freiburg, 2007.

Matthias Kalle/Tanja Stelzer: Der Elternknigge. Darf Papa auf dem Spielplatz rauchen? Ein unprofessioneller Erziehungsratgeber. London, 2010.

Anja Maier: Die Pubertistin. Die willste nicht geschenkt haben! Bergisch Gladbach, 2010.

Shefali Tsabary: The Conscious Parent: Transforming Ourselves, Empowering Our Children. Vancouver, 2010.

 Ulrich Hoffmann ist Autor, Übersetzer und freier Journalist. Er lebt in Hamburg und den USA, ist verheiratet und dreifacher Vater – sein Sohn ist Twen, die Töchter sind Teenager. Veröffentlichungen u. a.: *1000 Ideen, die Welt zu verbessern* und *Mini-Meditationen*.

Besuchen Sie unseren Autor auf seiner Website: www.ulrichhoffmann.de

Jetzt chill mal, Papa ist die aktualisierte,
überarbeitete und erweiterte Ausgabe des
Buches *Teenies verstehen in 60 Minuten*
vom gleichen Autor.

ISBN 978-3-85179-319-2

Alle Rechte vorbehalten

© 2014 Thiele Verlag in der Thiele & Brandstätter Verlag GmbH,
München und Wien
Umschlaggestaltung: Guter Punkt, München
Layout und Satz:
Christine Paxmann • text • konzept • grafik, München
Druck und Bindung: Kösel, Aldusried-Krugzell

www.thiele-verlag.com